消防設備士 第1類　総目次【下巻】

JN056740

◎本書の上巻では、巻頭に次の内容をまとめています。

　　［はじめに］

　　［一部免除］

　　［法令の基礎知識］

◎従って本書の下巻では、上記の内容を省略しています。

◎「第8章　実技　鑑別等」及び「第9章　実技　製図（甲種のみ）」に使われて
　いる写真は、弊社が実物を撮影したものを除き、次のメーカー各社からご提供い
　ただいたものです。本文で表記している略称と会社名は、次のとおりです。

〈写真協力〉(五十音順)

◇立売堀製作所…株式会社立売堀製作所	◇能美防災……………能美防災株式会社
◇オーケーエム…株式会社オーケーエム	◇初田製作所…………株式会社初田製作所
◇川本製作所……株式会社川本製作所	◇ホーチキ……………ホーチキ株式会社
◇キッツ………株式会社キッツ	◇モリタ宮田工業…モリタ宮田工業株式会社
◇テラル………テラル株式会社	◇ヤマトプロテック…ヤマトプロテック株式会社
◇ニッタン………ニッタン株式会社	

◎また、本書を使用するにあたり、本書籍 上巻『消防設備士 第1類 令和6年 上
　巻 （定価：3,300円（税込））』との併用を推奨します。

消防設備士 第1類 令和6年 上巻

▶収録内容

　第1章：消防関係法令（全類共通）

　第2章：消防関係法令（第1類の内容）

　第3章：基礎的知識　機械部分

　第4章：基礎的知識　電気部分

　第5章：消防用設備等の構造機能　機械部分

　　　　　全432ページ

定価：3,300円（税込）

令和6年2月　消防設備士　編集部

第6章　消防用設備等の構造機能　電気部分

6章

1. 計測器

■1. ホイートストンブリッジ

◎図のように3個の抵抗R_1、R_3、R_4と未知抵抗Xを接続し、a－b間に直流電源E、c－d間に検流計Gを接続した回路を**ホイートストンブリッジ**という。**未知抵抗Xを精密に測定する場合に広く使われている。**

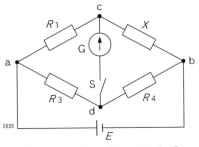

【ホイートストンブリッジ回路図】

◎未知抵抗Xを求めるには、スイッチSを閉じて、検流計Gの値が0になるようにR_4を調整する。

◎未知抵抗Xは次の式で求められる。

$$X = \frac{R_1}{R_3} \cdot R_4$$

◎この計算式は、回路中のc点及びd点の電圧が等しいことから導くこともできる。分圧を求める計算式を使用する。

$$\frac{R_3}{R_3 + R_4} \times E = \frac{R_1}{R_1 + X} \times E$$

$$R_1 \times R_3 + R_3 \times X = R_1 \times R_3 + R_1 \times R_4 \quad \Rightarrow \quad R_3 \times X = R_1 \times R_4$$

【例題】$R_1 = 100\,\Omega$、$R_3 = 10\,\Omega$である。R_4を調整して123Ωにしたとき、スイッチSを閉じても検流計Gに電流が流れなかった。未知抵抗Xを求めよ。

$$X = \frac{100\,\Omega}{10\,\Omega} \times 123\,\Omega = 10 \times 123\,\Omega = 1,230\,\Omega = 1.23\text{k}\,\Omega$$

■2. 回路計

◎回路計は、**抵抗が測定できるように造られた計器**である。

◎回路計は、抵抗の他に、直流の電圧・電流、交流の電圧なども測定できる。

◎回路計は、**テスター**ともいう。

■３．絶縁抵抗計

◎電気機器や電線などの絶縁が不十分だと、短絡や漏電などによって感電事故や機器の破損が発生することがある。これらの事故を未然に防ぐために、**絶縁抵抗を測定する必要がある。**

◎電気機器などの絶縁抵抗は、一般に〔ＭΩ（メガオーム）〕の単位が用いられ、絶縁抵抗計で測定する。

◎絶縁抵抗計では、内部で100V、500V、1,000Vなどの直流電圧を発生させ、それを測定回路に加えて抵抗を測定する。

◎絶縁抵抗計は、LINE側の測定端子を回路側に、EARTH側の測定端子を接地側に接続する。

◎**メガー**（megger）は、元来は発電機式絶縁抵抗計の商品名であったが、現在では絶縁抵抗計の一般名として使われている。

■４．接地抵抗計

◎接地電極と大地との間の抵抗を**接地抵抗**といい、接地抵抗計で測定する。

◎接地抵抗計は、交流を用いて測定する。その理由は、直流で測定すると、電極付近で化学変化が起こり、反応生成物が生じる分極作用により、抵抗値が変化するためである。

◎接地抵抗計には、2本の補助接地電極と3本の測定コードが付属されている。

■５．電位差計

◎電位差計は、ポテンショメーターとも呼び、電池に電流を流さずに**起電力**を測定することができる。

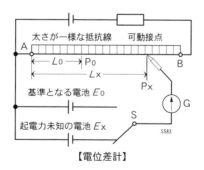

【電位差計】

◎操作１…スイッチＳをE_0側に接続する。可動接点を動かして検流計Ｇに電流が流れない点P_0を探し、AP_0間の長さL_0を読みとる。

6章

5

◎操作2…スイッチSを E_x 側に接続する。同様に検流計Gに電流が流れない点
　　　　P_x を探し、AP_x 間の長さ L_x を読みとる。次の関係が成り立つことか
　　　　ら、未知の電池の起電力 E_x を知ることができる。

$$\frac{E_x}{E_0} = \frac{L_x}{L_0}$$

▶▶過去問題◀◀

【1】$10^6\,\Omega$ 以上の抵抗を測定する方法として、最も適切なものは次のうちどれか。
□　1．ホイートストンブリッジを用いる方法
　　2．電位差計を用いる方法
　　3．絶縁抵抗計を用いる方法
　　4．接地抵抗計を用いる方法

【2】一般に絶縁抵抗を測る測定器として、最も適切なものは次のうちどれか。
□　1．テスター
　　2．接地抵抗計
　　3．メガー
　　4．携帯用ホイートストンブリッジ

▶▶正解＆解説……………………………………………………………………………………

【1】正解3
　　3．$10^6\,\Omega$ は、1MΩとなる。絶縁抵抗計は、1MΩ程度以上の抵抗を測定する際に使
　　　用する。ただし、0.1MΩ程度の抵抗測定でも使用することがある。
【2】正解3

2．電路を遮断する機器

■1．遮断器（サーキットブレーカー）

◎遮断器は、回路の開閉のほか、保護継電器などと組み合わせて用いられる。

◎遮断器は、遮断電流の大きさに応じて各種のものがある。

◎油遮断器は、絶縁油中で電流の開閉を行い、アークを消滅させる遮断器で構造が簡単で安価のため、古くから使用されてきた。

◎空気遮断器は、空気圧縮機により圧縮空気を蓄えており、遮断時は発生するアークに圧縮空気を吹き付けてアークを消滅する。

■2．保護継電器（保護リレー）

◎保護継電器は、回路に異常が発生したとき、これを検出して遮断器を動作させ、回路を遮断して機器を保護するものである。内部の電流コイルが励磁されると、遮断器が動作する。

◎過電流継電器は保護継電器の1つで、過負荷電流に対しては一定時間後に回路を遮断し、短絡電流に対しては瞬時に遮断する。

■3．自動遮断器

◎自動遮断器は、過大な電流が流れると、自動的に回路を遮断する装置である。

◎ヒューズは、自動遮断器の最も簡単なもので、回路に過負荷電流が流れるとジュール熱によって溶けて切れ、自動的に過負荷電流を遮断する。例えば、定格電流が30A以下で、定格電流の1.6倍の電流では、60分以内に溶断する。また、短絡電流に対しては、直ちに溶断して回路を遮断する。

◎配線用遮断器は、開閉器と自動遮断器を兼ねたものである。過負荷電流により大きな電磁力が生じると、開閉器の接点を切り離すようになっている。ヒューズのように取り替える必要がなく、簡単に手動で復帰できるため、一般住宅の分岐回路に広く使われている。単にブレーカーと呼ばれることがある。

■4．漏電遮断器

◎漏電遮断器は、これを設置した部分以降に接続されている回路に絶縁低下が起き、漏電が発生した場合に、自動的に回路を遮断するものである。作動すると、漏電表示ボタンが手前に飛び出るものがある。

6章

【1】電路を遮断する機器の説明として、次のうち誤っているものを2つ選びなさい。［編］

☐ 1．ヒューズは、過負荷電流に対して遮断して電気機器を保護することができない。

2．ヒューズは、過負荷電流と短絡電流のいずれに対しても遮断して電気機器を保護することができる。

3．ブレーカーは、電流を遮断した後も簡単に復帰することができる利点がある。

4．過電流継電器は、過負荷電流と短絡電流のいずれに対しても遮断して電気機器を保護することができる。

5．過電流継電器は、過負荷電流に対して遮断して電気機器を保護することができない。

6．大電流用の遮断器には、アークを消滅する方法による油遮断器や空気遮断器等がある。

▶▶正解&解説⋯⋯⋯⋯⋯⋯⋯⋯⋯⋯⋯⋯⋯⋯⋯⋯⋯⋯⋯⋯⋯⋯⋯⋯⋯⋯⋯

【1】正解1&5

1．ヒューズは定格電流よりも大きな過負荷電流が流れると、その量に応じた時間後に溶断して、電気機器を保護する。

5．過電流継電器は過負荷電流に対して、一定時間後に遮断して電気機器を保護することができる。

6．油遮断器は、絶縁油を内蔵し、その中でアークを消滅させて電流を遮断する。かつて広く使われていたが、火災のおそれがあるため現在は全く使われていない。

6章

3. 三相誘導電動機の始動方式

◎始動時における三相交流電動機は、一次側に定格電圧を加えると、大きな始動電流が流れる。特に容量が大きい場合は、電源の電圧降下が発生する。これを防ぐため、始動電流を制限するための始動法が工夫されている。

◎交流電動機の始動方式は、じか入れ始動（電動機の出力が11kW以上で低圧電動機であるものを除く）、スターデルタ始動、クローズドスターデルタ始動、リアクトル始動、コンドルファ始動、二次抵抗始動その他これらに類するものであること（加圧送水装置の基準　第5　5）。

> ▷参考：電気機器や電力の分野では、低圧を直流で750V以下、交流で600V以下としている。高圧は、直流で750V超〜7000V以下、交流で600V超〜7000V以下としている。

▶じか入れ始動（全電圧始動）

◎じか入れ始動は、電動機に対して電源電圧を印加して始動する方式であるため、「直入れ始動」、「全電圧始動」とも呼ばれる。

◎最も単純な始動方法であり、特別な始動装置を用いないため安価である。

◎法令では、**出力11kW以上の低圧電動機には使用してはならない。**

◎定格出力5kW程度までのかご形三相誘導電動機に用いられる。始動電流は、全負荷電流の5〜8倍である。

▶スターデルタ始動

◎始動時だけ巻線をスター（Y）結線とし、ほぼ全速度に達したとき、巻線をデルタ（△）結線に戻す方式である。

◎始動時は定格電流の$1/\sqrt{3}$倍の電圧が加わるため、**始動電流**および**始動トルク**は、いずれもデルタ結線で全電圧始動した場合に比べ、$1/3$となる。

◎定格出力15〜20kW以下のかご形三相誘導電動機に用いられる。

▶クローズドスターデルタ始動

◎スターデルタ始動の欠点である「ショック現象」を低減させた始動方式である。

◎スターデルタ始動と始動の仕組みは大きく変わらず、始動電流を1/3にできる点も同じである。ただし、抵抗器を含んだマグネットスイッチを1セット多く組み込んでいる。

◎スター結線からデルタ結線に切り替えた瞬間、突入電流は抵抗器付き回路によって吸収されショック現象が低減される。

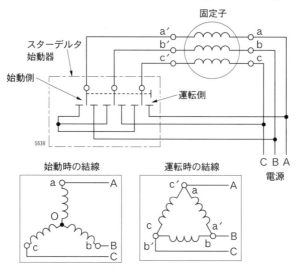

【スターデルタ始動の回路と結線】

▶リアクトル始動

◎始動時に電動機と電源との間にリアクトルを接続し、始動完了後に、このリアクトルを開閉器で短絡する始動方式である。

▷用語：リアクトル〔Reactor〕電線を巻線にした電気部品で、電流の流れを妨げる働きをする。

◎始動電流は $1 / 2$ 程度まで低減可能である。ただし、採用実績はほとんどない。

◎定格出力 45kW 以上のかご形三相誘導電動機に用いられる。

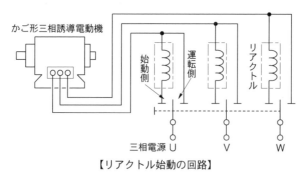

【リアクトル始動の回路】

▶始動補償器始動

◎始動補償器という三相単巻変圧器を使用し、スター結線にして電源電圧を下げる方式である。電動機の定格電圧の50 ～ 80％程度の電圧で始動する。

◎電動機が全負荷速度付近に達したときに、全電圧を加えた運転に入る。

◎定格出力15kW以上のかご形三相誘導電動機に用いられる。

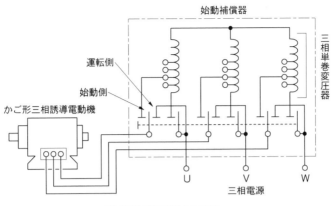

【始動補償器始動の回路】

▶コンドルファ始動

◎3個の単巻変圧器を使用する。回路は始動補償器始動と似ているが、コンタクタ2の開閉タイミングが始動補償器始動と異なる。

◎始動時は、コンタクタ1を開いた状態でコンタクタ2を閉じる。電動機には、単巻変圧器で減圧された電圧が加わる。

◎始動完了後、直ちにコンタクタ1を入れると、変圧器と動力電源系統の間で若干の位相差があるため、電動機に過渡電流が流れて悪い影響を与えることがある。このため、まずコンタクタ2を開いて中性点を開放し、リアクトルとして作用させて過渡電流を抑えた後、コンタクタ2を閉じて連続運転に入る。

◎コンドルファ始動は、大容量のかご形三相誘導電動機などによく使われる。

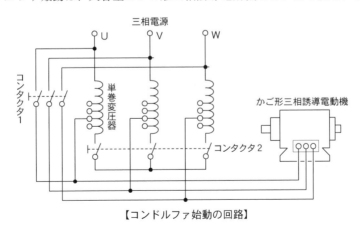

【コンドルファ始動の回路】

▶二次抵抗始動

◎巻線形誘導電動機では、スリップリングを通して、二次側に始動抵抗器を接続して始動する。電動機が加速するに従って、始動抵抗器のノッチを1から4に移動させて抵抗を減少させる。

◎始動抵抗器のノッチの移動とともに、電動機の回転速度は上昇するが、全負荷速度付近に達したときは、短絡装置によってスリップリングを短絡し、ブラシを引き上げて運転状態に入る。

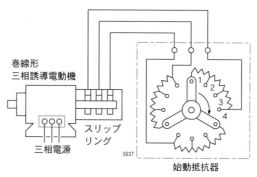

【二次抵抗始動の回路】

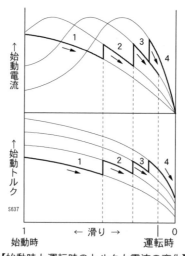

【始動時と運転時のトルクと電流の変化】

【1】屋内消火栓設備の加圧送水装置に使用する交流電動機において、出力が11kW未満の低圧電動機の始動に限り認められている方式は、次のうちどれか。

［★］［編］

- □ 1．始動補償器始動方式
- 2．じか入れ始動方式
- 3．リアクトル始動方式
- 4．スターデルタ始動方式
- 5．二次抵抗始動方式

【2】かご形誘導電動機の始動方式にスターデルタ始動を採用した場合、始動トルクについて、デルタ結線による全電圧始動と比較して、正しいものは次のうちどれか。［★］

- □ 1．始動トルクは1／9になる。
- 2．始動トルクは1／$\sqrt{3}$になる。
- 3．始動トルクは1／3になる。
- 4．始動トルクは全電圧始動の場合と同じである。

▶▶正解＆解説‥‥‥‥‥‥‥‥‥‥‥‥‥‥‥‥‥‥‥‥‥‥‥‥‥‥‥‥‥‥‥‥‥‥

【1】正解2

【2】正解3

4. 三相誘導電動機の逆回転

◎電動機の回転方向は、電動機を一方向にだけ回転させて使用する場合、一般に負荷と連結されている反対側から見て、時計方向が標準とされている。

◎三相誘導電動機の回転方向は、電動機に加わる三相交流の相回転の方向によって決まる。

◎三相誘導電動機では電源線が3本あり、**いずれかの2本を入れ換えると**、固定子巻線がつくる回転磁界の向きが逆となる。このため、電動機は**逆回転**する。

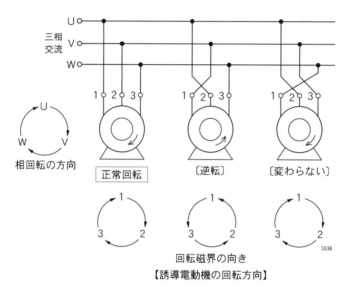

【誘導電動機の回転方向】

▶▶ 過去問題 ◀◀

【1】三相誘導電動機を逆回転させるための方法として、正しいものは次のうちどれか。

☐　1．3つの端子のうち、3端子全ての結線を入れ替える。

　　2．任意の2端子の結線を入れ替える。

　　3．コンデンサを取り付ける。

　　4．スターデルタ始動器を取り付ける。

【2】 三相誘導電動機を逆回転させるための方法として、正しいものは次のうちどれか。[★]

☐ 1．結線を時計回りに1つずつずらして接続する。

2．任意の2端子の結線を入れ替えて接続する。

3．結線を反時計回りに1つずつずらして接続する。

4．手元開閉器に設けてある電流計の結線を逆方向に接続する。

【3】 下図のように、三相交流の電源の各相R、S、Tに対する三相誘導電動機の端子U、V、Wの接続をそれぞれR相とU端子、S相とV端子、T相とW端子とし、三相誘導電動機が正回転する場合、これを逆回転させる接続として、誤っているものは図のア～エのうちどれか。[★]

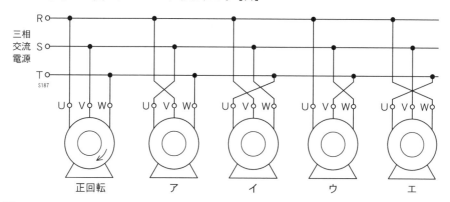

☐ 1．ア

2．イ

3．ウ

4．エ

▶▶正解＆解説……………………………………………………………………

【1】 正解2

1．3端子全ての結線を入れ替えると、回転方向は変わらない。

【2】 正解2

【3】 正解2

ア、ウ、エはいずれも2端子が入れ替わっているため、逆回転する。イは3端子が入れ替わっているため、電動機は正回転する。

5. 三相誘導電動機の特性

◎三相誘導電動機の性能は、電源電圧や電源周波数によって変化する。

◎三相誘導電動機は、始動トルク及び最大トルクが電圧の2乗に比例し、周波数の2乗に反比例する。

▶電源電圧が低下した場合

◎電源電圧が10％低下すると、始動トルク及び最大トルクは－19％となる。また、始動電流は－10％となる。

◎また、電源電圧が低下すると全負荷電流は増加する。

◎電源電圧が低下した場合の特性は、次のとおりとなる。

始動トルク及び最大トルク	減少
すべり	増加
効率（全負荷）	悪化
始動電流	減少
全負荷電流	増加

▶周波数が低下した場合

◎電源の周波数が5％低下すると、始動トルク及び最大トルクは10％程度増加する。また、始動電流は－5％程度となる。

◎また、全負荷電流はわずかに増加する。

◎電源の周波数が低下した場合の特性は、次のとおりとなる。

始動トルク及び最大トルク	増加
始動電流	減少
全負荷電流	増加
回転速度	減少

【1】 三相誘導電動機に加わる電圧が定格値より低下した場合、始動トルクと効率の変化の組合せとして、正しいものは次のうちどれか。

	始動トルク	効率
□ 1.	大きくなる	良くなる
2.	大きくなる	悪くなる
3.	小さくなる	悪くなる
4.	小さくなる	良くなる

【2】 運転中に三相誘導電動機の電源ヒューズの1本が切れ、単相電源となった場合について、最も適切なものは次のうちどれか。

□ 1. いったん停止するが、そのまま再び始動する。
　2. そのまま継続運転はできない。
　3. 電源ヒューズの残りの2本に流れる電流は減少する。
　4. 電源ヒューズの残りの2本に流れる電流は増加する。

▶▶正解＆解説・・・

【1】 正解3
【2】 正解4

　　三相誘導電動機の電源ヒューズ1本が切れたり、電源線の1本が切れた状態を欠相と呼ぶ。欠相した状態で三相誘導電動機を起動すると、回転せずに起動電流がいつまでも流れ続ける。この結果、過電流により電動機は焼損する。

　　三相誘導電動機が正常に回転している状態で欠相すると、負荷が軽ければ三相誘導電動機は、単相誘導電動機として回転を継続することができる。このとき、残りの2本のコイルに流れる電流は、三相誘導時に比べて増加する。

6. 鉛蓄電池のサルフェーション

◎サルフェーションは非伝導性結晶皮膜といわれている。

◎通常、鉛蓄電池は放電すると、化学反応によって硫酸鉛（PbSO4）が発生する。発生した硫酸鉛は、充電を行うと電解液中に溶け込むようになっている。これが鉛蓄電池の充放電サイクルである。

◎しかし、鉛蓄電池を放電状態で放置したり、充電と放電を繰り返していくと、電解液中に溶け込むはずの硫酸鉛が硬くなってしまい、結晶化する。結晶化された硫酸鉛は電解液の負極板の表面にはりついてしまう。これが、サルフェーション現象である。

　▷用語：サルフェーション〔sulfation〕蓄電池の極板が硫酸鉛化すること。

◎サルフェーション現象が起きると、結晶化した硫酸鉛は電気を通しにくくなるため、充電しても回復しなくなる。

▶▶過去問題◀◀

【1】鉛蓄電池のサルフェーション現象が起こる原因として、最も適切なものは次のうちどれか。[★]

□　1．低温で使用した。
　　2．蒸留水を入れすぎた。
　　3．充電電流が大きすぎた。
　　4．放電状態で放置した。

▶▶正解&解説…………………………………………………………………………………
【1】正解4

7. 非常電源

◎非常電源は、**非常電源専用受電設備、自家発電設備、蓄電池設備**又は**燃料電池設備**によるものとする（規則第12条4号他）。

　▷参考：非常電源は、屋内消火栓設備、スプリンクラー設備、水噴霧消火設備及び屋外消火栓設備で附置（付属させて設置すること）するよう定められている。各非常電源の規定は、消火設備で共通となっている。

◎ただし、特定防火対象物で、延べ面積が1,000m²以上のもの（小規模特定用途複合防火対象物を除く）にあっては、自家発電設備、蓄電池設備又は燃料電池設備によるものとする。

消防用設備	防火対象物	非常電源専用受電設備	自家発電設備	蓄電池設備	燃料電池設備
屋内消火栓設備 スプリンクラー設備 水噴霧消火設備 屋外消火栓設備	特定防火対象物で延べ面積が1,000m²以上のもの	−	○	○	○
	上記以外	○	○	○	○

※○は適応することを示す。自家発電設備、蓄電池設備及び燃料電池設備は、いずれも30分以上作動できること。非常電源専用受電設備は、停電が発生した場合、常用電源への電源供給ができなくなる。

※燃料電池設備は、ほとんど使われていない。

▶**非常電源専用受電設備**

◎非常電源専用受電設備は、次に定めるところによること（同4号イ）。

> 1．点検に便利で、かつ、火災等の災害による被害を受けるおそれが少ない箇所に設けること。
> 2．他の電気回路の開閉器又は遮断器によって遮断されないこと。
> 3．開閉器には、屋内消火栓設備用、スプリンクラー設備用、水噴霧消火設備用又は屋外消火栓設備用である旨を表示すること。
> 4．**高圧又は特別高圧で受電する**非常電源専用受電設備にあっては、不燃材料（で造られた壁、柱、床及び天井（天井のない場合にあっては、屋根）で区画され、かつ、窓及び出入口に防火戸を設けた**専用の室**に設けること。ただし、次の規定に該当する場合は、この限りでない（省略）。
> 5．キュービクル式非常電源専用受電設備は、前面に1m以上の幅の空地を有し、かつ、他のキュービクル式以外の自家発電設備若しくはキュービクル式以外の蓄電池設備又は建築物等から1m以上離れているものであること。
> 　▷用語：キュービクル〔cubicle〕（仕切った）小寝室・個人用小室。
> 6．非常電源専用受電設備（キュービクル式のものを除く）は、操作面の前面に1m（操作面が相互に面する場合にあっては、1.2m）以上の幅の空地を有すること。

▶自家発電設備

◎自家発電設備は、次に定めるところによること（同4号ロ）。

1. 点検に便利で、かつ、火災等の災害による被害を受けるおそれが少ない箇所に設けること。
2. 他の電気回路の開閉器又は遮断器によって遮断されないこと。
3. 開閉器には、屋内消火栓設備用、スプリンクラー設備用、水噴霧消火設備用又は屋外消火栓設備用である旨を表示すること。
4. キュービクル式自家発電設備は、前面に1m以上の幅の空地を有し、かつ、他のキュービクル式以外の非常電源専用受電設備若しくはキュービクル式以外の蓄電池設備又は建築物等から1m以上離れているものであること。
5. 自家発電設備の容量は、屋内消火栓設備等（スプリンクラー設備、水噴霧消火設備及び屋外消火栓設備）を有効に30分間以上作動できるものであること。
6. 常用電源が停電したときは、自動的に常用電源から非常電源に切り替えられるものであること。
7. キュービクル式以外の自家発電設備は、自家発電装置の周囲に0.6m以上の幅の空地を有するものであること。
8. キュービクル式以外の自家発電設備は、燃料タンクと原動機との間隔を、予熱する方式の原動機にあっては2m以上、その他の方式の原動機にあっては0.6m以上とすること。

▶蓄電池設備

◎蓄電池設備は、次に定めるところによること（同4号ハ）。

1. 点検に便利で、かつ、火災等の災害による被害を受けるおそれが少ない箇所に設けること。
2. 他の電気回路の開閉器又は遮断器によって遮断されないこと。
3. 開閉器には、屋内消火栓設備用、スプリンクラー設備用、水噴霧消火設備用又は屋外消火栓設備用である旨を表示すること。
4. キュービクル式蓄電池設備は、前面に1m以上の幅の空地を有し、かつ、他のキュービクル式以外の非常電源専用受電設備若しくはキュービクル式以外の自家発電設備又は建築物等から1m以上離れているものであること。
5. 蓄電池設備の容量は、屋内消火栓設備等（スプリンクラー設備、水噴霧消火設備及び屋外消火栓設備）を有効に30分間以上作動できるものであること。
6. 常用電源が停電したときは、自動的に常用電源から非常電源に切り替えられるものであること。
7. 直交変換装置を有しない蓄電池設備にあっては、常用電源が停電した後、常用電源が復旧したときは、自動的に非常電源から常用電源に切り替えられるものであること。

▶蓄電池設備の直交変換装置

◎直交変換装置とは、交流の電流を直流に変換して蓄電池を充電する機能と、直流の電流を交流に変換する機能を併せ持つ装置である。

◎直交変換装置を有する蓄電池設備は、NaS電池及びRF電池が該当する。

◎NaS（ナトリウム硫黄）電池は、硫黄とナトリウムイオンの化学反応で充放電を繰り返す蓄電池である。また、RF（レドックスフロー）電池は、バナジウムなどのイオンの酸化還元反応を利用して充放電を行う蓄電池である。

◎直交変換装置は次のように作動する。

> 1. NaS電池及びRF電池は、電力負荷平準化（電気料金の安い夜間に充電を行い、昼間に放電を行うこと）を目的として、一般に常用電源・非常電源兼用とすることを想定している。
>
>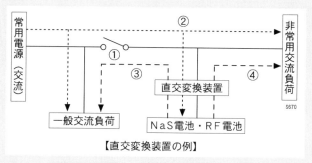
>
> **【直交変換装置の例】**
>
> 2. 通常は、遮断器①は閉じており、交流の常用電源は②のとおり、一般交流負荷及び非常用交流負荷（非常用負荷のうち病院の生命維持装置等常時使用するもの）に使用されるとともに、直交変換装置により直流に変換されて、NaS電池・RF電池等を充電する。
>
> 3. 電力負荷平準化のため、時間帯によっては③のとおり、NaS電池・RF電池等からの直流電流を直交変換装置により交流に変換し、一般交流負荷に電力を供給する（従来の鉛蓄電池、アルカリ蓄電池は、容量が小さいため、非常用交流負荷専用となっているものが多く、③のように一般交流負荷に電力を供給するものはほとんどない）。
>
> 4. 非常の際、停電等が発生している場合は①の遮断器を自動で開放し、NaS電池・RF電池等からの直流電流を直交変換装置により交流に変換して、④のように優先的に非常用交流負荷に電力を供給する。

【1】 屋内消火栓設備の非常電源に使用する非常電源専用受電設備について、消防
法令上、誤っているものは次のうちどれか。

☐ 1．点検に便利で、かつ、火災等の災害による被害を受けるおそれが少ない箇
所に設けること。

2．他の電気回路の開閉器または遮断器によって遮断されないこと。

3．操作面の前面に、原則として 1 m 以上の幅の空地を有すること。

4．高圧で受電する設備は、一般室の中に金網で区画した部分に設けること。

【2】 次の文中の （ ） に当てはまる語句として、消防法令上、正しいものはどれ
か。[★]

「屋内消火栓設備の非常電源として使用する自家発電設備の容量は、屋内消火
栓設備を有効に （ ） 以上作動できるものであること。」

☐ 1．90分間

2．60分間

3．30分間

4．15分間

【3】 屋内消火栓設備の非常電源に使用する自家発電設備について、消防法令上、
誤っているものは次のうちどれか。[編]

☐ 1．屋内消火栓設備を有効に60分間以上作動できるものであること。

2．他の電気回路の開閉器又は遮断器によって遮断されないこと。

3．常用電源の停電の際に、自動的に常用電源から非常電源に切り替わること。

4．キュービクル式以外の自家発電設備は、燃料タンクと原動機との間隔は、
原則として予熱する方式の原動機にあっては 2 m 以上、その他の原動機にあ
っては0.6m以上とする。

5．キュービクル式以外の自家発電設備は、自家発電設備装置の周囲に0.6m以
上の幅の空地を有すること。

【4】 キュービクル式以外の自家発電設備の自家発電装置の周りに保有しなければ
ならない空地の最小幅は、次のうちどれか。

☐ 1．0.3m　　2．0.5m

3．0.6m　　4．1.0m

【5】屋内消火栓設備の非常電源に使用する自家発電設備について、消防法令上、誤っているものは次のうちどれか。[★][編]

- [ ] 1．容量は、屋内消火栓設備を有効に30分間以上作動できるものであること。
  2．自家発電設備は、常用電源が停電したとき、自動的に非常電源に切り替えられるものであること。
  3．キュービクル式以外の自家発電設備は、自家発電装置の周囲に0.6m以上の幅の空地を有するものであること。
  4．自家発電設備は、常用電源が復旧したとき、自動的に常用電源に切り替えられるものであること。
  5．点検に便利で、かつ、火災等の災害による被害を受けるおそれが少ない箇所に設けること。

【6】屋内消火栓設備の非常電源に使用する蓄電池設備について、消防法令上、誤っているものは次のうちどれか。

- [ ] 1．点検に便利で、かつ、火災等の災害による被害を受けるおそれが少ない箇所に設けること。
  2．他の電気回路の開閉器または遮断器によって遮断されないこと。
  3．蓄電池設備は、常用電源が復旧したとき、自動ではなく手動で常用電源に切り替えられること。
  4．屋内消火栓設備を有効に30分間以上作動できるものであること。

【7】屋内消火栓設備の非常電源に使用する蓄電池設備について、消防法令上、誤っているものは次のうちどれか。

- [ ] 1．屋内消火栓設備を有効に60分間以上作動できるものであること。
  2．他の電気回路の開閉器または遮断器によって遮断されないこと。
  3．常用電源が停電したときは、自動的に非常電源に切り替えられるものであること。
  4．直交変換装置を有しないものは、常用電源が復旧したとき、自動的に非常電源から常用電源に切り替えられるものであること。

【8】キュービクル式非常電源専用受電設備の前面に保有しなければならない空地の最小幅として、正しいものは次のうちどれか。

- [ ] 1．0.6m　　2．1.0m
  3．1.5m　　4．1.6m

【1】正解4

　　3．非常電源専用受電設備（キュービクル式のものを除く）は、操作面の前面に1m以上の幅の空地を有すること。

　　4．非常電源専用受電設備は、高圧で受電するものと低圧で受電するものがある。高圧で受電するものは、不燃材料で造られた壁、柱、床及び天井で区画され、かつ、窓及び出入口に防火戸を設けた専用の室に設けること。金網で区画した一般室に設ける必要はない。

【2】正解3

　　「屋内消火栓設備の非常電源として使用する自家発電設備の容量は、屋内消火栓設備を有効に〈30分間〉以上作動できるものであること。」

【3】正解1

　　1．「60分間以上」⇒「30分間以上」。

　　4＆5．キュービクル式以外の自家発電設備は、「0.6m以上」と覚えておく。

【4】正解3

【5】正解4

　　4．自家発電設備は、常用電源が停電すると、自動的に非常電源に切り替わる。この後、常用電源が復旧すると、一般に手動で常用電源に切り替える。法令では、自動で常用電源に切り替わるよう定めていない。

【6】正解3

　　3．蓄電池設備は、常用電源が復旧したとき、直交変換装置を有しないものに限り、自動的に非常電源から常用電源に切り替わるよう定めている。

【7】正解1

　　1．「60分間以上」⇒「30分間以上」。

【8】正解2

8. 配電盤及び分電盤の基準

◎低圧で受電する非常電源専用受電設備の配電盤又は分電盤は、消防庁長官が定める基準に適合する第一種配電盤又は第一種分電盤を用いること。ただし、不燃材料で区画された変電設備室、機械室、ポンプ室その他これらに類する室に設ける場合には、消防庁長官が定める基準に適合する第二種配電盤又は第二種分電盤を用いることができる（規則第12条1項4号イ）。

◎この告示は、規則第12条1項4号イに規定する低圧で受電する非常電源専用受電設備の第一種配電盤及び第一種分電盤（第一種配電盤等）並びに第二種配電盤及び第二種分電盤（第二種配電盤等）の基準を定めるものとする（配電盤等の基準第一）。

◎第一種配電盤等のキャビネットの構造は、次に定めるところによること（一部省略）。キャビネットとは、非常電源専用の開閉器、過電流保護器、計器その他の配線用機器及び配線を収納する箱とする。

> 1．キャビネットの材料は、鋼板とし、かつ、その板厚は、1.6mm以上であること。
> 3．キャビネットには、次に掲げる**以外**のものが外部に露出して設けられていないこと。
> 　イ．表示灯（カバーに不燃性又は難燃性の材料を用いたものに限る）
> 　ロ．電線の引込口及び引出口
> 　ハ．扉用とっ手及びかぎ

◎第二種配電盤等のキャビネットの構造は、次に定めるところによること（一部省略）。

> 1．キャビネットの材料は、鋼板とし、かつ、その板厚は、1.0mm以上であること。
> 2．キャビネットには、120℃の温度を加えた場合において、破壊されない電圧計又は電流計以外のものが露出して設けられていないこと。

【1】配電盤に関する記述として、消防庁告示上、最も不適切なものは次のうちどれか。

□　1．一種の配電盤のキャビネットに用いる扉の鋼板の厚さを1.6mm以上のものとすること。

　　2．二種の配電盤のキャビネットに用いる扉の鋼板の厚さを2.0mm以上のものとすること。

　　3．一種の配電盤のキャビネットの前に、カバーに不燃性の材料を用いた表示灯を露出して設けた。

　　4．二種の配電盤のキャビネットの前に、120℃の温度を加えた場合において破壊されない電圧計を露出して設けた。

【2】配電盤の構造の基準として、誤っているものは次のうちどれか。

□　1．一種の配電盤のキャビネットの前に、カバーに不燃性又は難燃性の材料を用いた表示灯が露出して設けられていないこと。

　　2．二種の配電盤のキャビネットの前に、120℃の温度を加えた場合において破壊されない電圧計又は電流計以外のものが露出して設けられていないこと。

　　3．一種の配電盤のキャビネットに用いる扉の鋼板の厚さを 1.6mm 以上のものとすること。

　　4．二種の配電盤のキャビネットに用いる扉の鋼板の厚さを 1.0mm 以上のものとすること。

▶▶正解＆解説 ⋯⋯⋯⋯⋯⋯⋯⋯⋯⋯⋯⋯⋯⋯⋯⋯⋯⋯⋯⋯⋯⋯⋯⋯⋯⋯⋯⋯⋯⋯⋯⋯⋯⋯⋯

【1】正解2

　2．「厚さを2.0mm以上」⇒「厚さを1.0mm以上」。

【2】正解1

　1．カバーに不燃性又は難燃性の材料を用いた表示灯は、外部に露出して設けられていてもよい。

■ 1. 目的

◎接地工事の目的は、機器接地と系統接地に分けると次のとおりとなる。

〔電気器具などの金属製外箱を接地する機器接地の目的〕

◇人等に対する感電を防止する。
◇漏電による火災を防止する。
◇保護装置（漏電遮断器、漏電火災警報器）を確実に動作させる。

〔変圧器低圧側の中性点を接地する系統接地の目的〕

変圧器内部の混触事故により、低圧側の電路に高い電圧が侵入することを防止する。

◎屋内への給電は、電柱上の変圧器で高圧の 6,600V を 100V/200V に変換して行われている。

◎この変圧器内では、低圧側コイルの中性点と鉄心が電柱下の接地棒に接地されている。（B種接地）

◎屋内では、漏電遮断器を介して 100V/200V が供給される。図では、洗濯機などの電気製品が 100V に接続され、電気製品は接地されている。（D種接地）

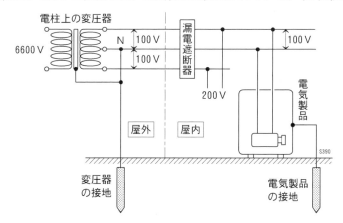

◎電柱上の変圧器内で混触が起き、低圧側の 100V/200V の電路に高圧が侵入した場合を想定してみる。変圧器の低圧側中性点が接地されていないと、非常に危険な状態となる。電気製品は想定外の高圧が加わることで破損し、火災発生の危険性が生じるほか、人が万が一感電した場合は死亡する可能性が高くなる。

◎しかし、変圧器の低圧側中性点が接地されていれば、接地棒を介して大地に多くの電流が流れるため、変圧器の低圧側に高圧の 6,600V がそのまま加わるのを防ぐことができる。

◎次に、電気製品に漏電が発生し、外装の金属箱に 100V が加わっている状態を想定してみる。電気製品が接地されていないと、人が電気製品の金属箱に触れた時点で、電気が人から濡れている床面等を経由して流れ感電する。この場合、漏電遮断器は作動しないことがある。漏電遮断器が作動するためには、感度電流以上の電流が流れることが必要である。接地されていない状態では、感度電流未満の電流しか流れないことがあり、この場合は漏電遮断器が作動しない。

■２．D種接地工事

◎接地工事の種類は、次のとおりとする。屋内消火栓設備やスプリンクラー設備等は、D種接地工事が該当する。

種類	接地抵抗	主な用途
A種接地工事	10Ω	高圧用または特別高圧用の機器の外箱
B種接地工事	省略	変圧器2次側の接地
C種接地工事	10Ω以下	300Vを超える低圧用の機器の外箱
D種接地工事	**100Ω以下（※）**	300V以下の低圧用の機器の外箱

（※）低圧電路において、地絡を生じた場合に0.5秒以内に当該電路を自動的に遮断する装置（漏電遮断装置）を施設するときは、500Ω以下であること。

▷用語：短絡（たんらく）は電気回路中の２点間で負荷を介さずにつながること。地絡（ちらく）は電気回路と大地間で絶縁性が低下して電気が流れること。

◎D種接地工事の対象例は、次のものが挙げられる。
　①屋内消火栓設備及びスプリンクラー設備等の、加圧送水装置の電動機等
　②洗濯機や電気温水器など、水気・湿気の多い場所で使用する電気器具
　③井戸ポンプや自動販売機など屋外で使用する電気器具
　④エアコンや工作器具、溶接機等で 200V 仕様の電気器具

◎D種接地工事に使用する接地線は、次に適合するものであること。

　イ．故障の際に流れる電流を安全に通じることができるものであること。
　ロ．引張強さ 0.39kN 以上の容易に腐食し難い金属線又は直径 1.6mm 以上の軟銅線であること。

【1】接地工事を施す主な目的として、正しいものを2つ選びなさい。[編]

☐ 1．電気工作物の保護と力率の改善

2．過負荷防止と漏電による感電防止

3．電気工作物の保護と漏電による感電防止

4．電圧降下の防止と力率の改善

5．機器の絶縁性をよくすることによる損傷防止

6．漏電による火災や電気工作物の損傷の防止

【2】接地工事を行う主な目的として、最も不適切なものは次のうちどれか。

☐ 1．高圧の侵入のおそれがあり、かつ、危険度が大きいため

2．漏電による感電の危険度が大きいため

3．高圧回路と低圧回路が混触した場合、低圧回路を保護するため

4．電気工作物の力率を改善する必要があるため

【3】電気機器にD種接地工事を施す目的として、最も適当なものは次のうちどれか。

☐ 1．漏電による機器の損傷を防止するため。

2．機器の力率・効率をよくするため。

3．機器の絶縁をよくするため。

4．漏電による感電を防止するため。

【4】接地工事に関する次の記述のうち、文中の（　）に当てはまる語句として、正しいものはどれか。[★]

「（　）接地工事における接地抵抗値は、100Ω（低圧電路において、地絡を生じた場合に0.5秒以内に当該電路を自動的に遮断する装置を施設するときは、500Ω）以下でなければならない。」

☐ 1．A種　　2．B種

3．C種　　4．D種

【5】接地工事に関する次の記述のうち、文中の（　）に当てはまる語句として、正しいものはどれか。[★]

「D種接地工事における接地抵抗値は、（　）Ω（低圧電路において、地絡を生じた場合に0.5秒以内に当該電路を自動的に遮断する装置を施設するときは、500Ω）以下でなければならない。」

☐　1．10　　　　2．20
　　3．50　　　　4．100

【6】D種接地工事における接地抵抗値として、正しいものは次のうちどれか。

[★]

☐　1．500Ω　　　2．100Ω
　　3．10Ω　　　　4．5Ω

【7】消防用設備に行うD種接地工事に用いる接地線（軟銅線）の直径の最小値として、正しいものは次のうちどれか。

☐　1．1.0mm　　　2．1.6mm
　　3．2.0mm　　　4．2.6mm

▶▶正解＆解説‥‥‥‥‥‥‥‥‥‥‥‥‥‥‥‥‥‥‥‥‥‥‥‥‥‥‥‥‥‥‥‥

【1】正解3＆6
　1．力率は、交流回路において有効電力／皮相電力（見かけの電力）で表される。負荷と並列に電力用コンデンサ（進相コンデンサ）を接続することで、力率を改善することができる。
　2．配線の過負荷防止として、配線遮断器（ブレーカー）が挙げられる。
　3．電気工作物の保護は、系統接地の目的の1つである。
　4．配線における電圧降下を防ぐには、太い配線に張り替えたり、電路を増設する。
　5．接地工事は、機器の外箱等と大地間の導通をよくするために行う。
【2】正解4
【3】正解4
【4】正解4
【5】正解4
【6】正解2
【7】正解2

◎電線の接続は、次の点に注意して行う。

1．接続箇所において**電気抵抗**を増加させないこと。接続部分の電気抵抗が大きくなると、電力損失が増大し、その部分の温度が上昇する。

2．電線の引張り強さを**20%以上**減少させないように接続する。接続部分は、接続管その他の器具を使用し、またはろう付けをする。

3．接続部分の絶縁性は他の部分と**同等以上**になるように処置すること。

4．電線の接続は、ハンダ付け、スリーブ、圧着端子等により堅固に接続すること。

5．接続の際に被覆をはぎ取る場合は、心線（芯線）にきずを付けないこと。

6．湿気の多い場所では、自己融着性テープを使用することが望ましい。

▶ ▶ 過去問題 ◀ ◀

【1】電線の接続に関する次の記述の（　）に当てはまる語句と数値の組合せとして、正しいものはどれか。

ア．電線の接続部分の（A）を増加させないこと。

イ．電線の接続部分の引張強さをもとの強さの（B）%以上減少させないこと。

	（A）	（B）
□　1．	絶縁抵抗	20
2．	絶縁抵抗	30
3．	電気抵抗	20
4．	電気抵抗	30

【2】電線の接続方法について、（A）〜（C）に当てはまる語句及び数値の組合せとして、正しいものは次のうちどれか。

「電線の（A）を（B）%以上（C）させないこと。」

	（A）	（B）	（C）
□　1．	圧縮強さ	20	増加
2．	引張り強さ	20	減少
3．	引張り強さ	25	増加
4．	圧縮強さ	25	減少

【3】消防用設備等の屋内配線に使用する絶縁電線相互の接続方法として、誤っているものを4つ選びなさい。[★][編]

☐ 1. 電線の引張り強さを10％以上減少させないこと。

2. 電線の引張り強さを20％以上減少させないこと。

3. 電線の引張り強さを30％以上減少させないこと。

4. スリーブ及びワイヤーコネクターは使用しないこと。

5. 接続部分に圧着端子を使用した。

6. 接続部には、接続管その他器具を用いること。又ははんだ付けとすること。

7. 接続部分は、絶縁電線の絶縁物と同等以上の絶縁効力のあるもので十分被覆した。

8. 接続部分をろう付けしてから、電線の絶縁物と同等以上の絶縁効力のあるもので被覆すること。

9. 接続部分を「はんだ」により、完全にろう付けした。

10. 接続部分の電気抵抗を増加させないように接続すること。

11. 接続の際に電線をはぎ取る場合は、心線を傷つけないようにすること。

12. 接続後、通電すると接続部が発熱した。

▶▶正解＆解説……………………………………………………………………………………

【1】正解3

【2】正解2

「電線の〈Ⓐ 引張り強さ〉を〈Ⓑ 20〉％以上〈Ⓒ 減少〉させないこと。」

【3】正解1＆3＆4＆12

4.　リングスリーブやワイヤーコネクターを使用して、強固に接続する。リングスリーブは、圧着スリーブ、又は単にスリーブと呼ばれることがある。

6.「接続管」はリングスリーブを指すものと理解する。

12.　接続部は発熱してはならない。発熱するのは、電気抵抗があるためである。

- -

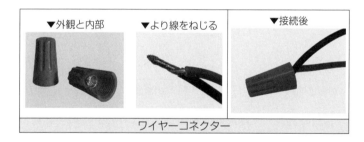

▼圧着後

リングスリーブ

▼圧着後

圧着端子

▼外観と内部　▼より線をねじる　▼接続後

ワイヤーコネクター

11. 耐火配線と耐熱配線

◎法令では、配線と電線を分けて規定している。

◎配線とは、電線を敷設することをいう。従って、電線に係わる工事が対象となる。具体的には、「耐火配線の工事」及び「耐熱配線の工事」となる。

◎一方、電線は各工事に使用できるものがそれぞれ法令で指定されている。

▶一般配線

◎「屋内配線に使用する電線」及び「屋側又は屋外配線に使用する電線」が日本産業規格により定められている。

◎これらの規格に適応している電線として、次に掲げるものが広く使われている。

電線の名称	記号
600Vビニル絶縁電線	IV
600Vビニル絶縁ビニルシースケーブル	VV

▷用語：シース〔sheath〕おおい。

◎IVは、導体を絶縁体（ビニル）で被覆しただけの構造の絶縁電線である。使用する場合は、配管を敷設し、配管の中に通線する必要がある。

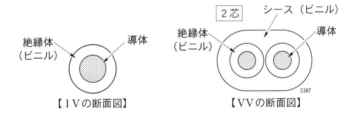

【IVの断面図】　　【VVの断面図】

◎一方、VVはIVをシース（ビニル）で保護した構造となっている。この保護構造により、そのまま建物などに通線することができる。

▶電線・ケーブル・バスダクト（耐火配線の基準）

◎電線は、銅などの導体が絶縁物である保護被覆に覆われているものを指す。

◎ケーブルは、導体を絶縁物で被覆し、その上から保護被覆で保護した電線を指す。

◎バスダクトは、導体を絶縁物で支持するか、又は導体を絶縁物で被覆した電線を、ダクト(電線を入れる箱体をいう。)に入れて組み立てたものをいう。

▶耐火保護配線の工事

◎耐火配線の範囲は、点検要領により定められている（39P参照）。

◎耐火配線に使用する電線は、[耐火構造とした主要構造部に埋設する場合] と [MIケーブル又は耐火電線を使用する場合] で異なる。

[耐火構造とした主要構造部に埋設する場合]

◎この工事に使用することができる電線は、**600V 2種ビニル絶縁電線（HIV）** 又はこれと同等以上の耐熱性を有する電線であり、具体的には次のとおりである。

1．600V 2種ビニル絶縁電線	10．CDケーブル
2．ハイパロン絶縁電線	11．鉛被ケーブル
3．四ふっ化エチレン絶縁電線	12．架橋ポリエチレン絶縁ビニルシースケーブル
4．シリコンゴム絶縁電線	13．架橋ポリエチレン絶縁ポリエチレンシースケーブル
5．ポリエチレン絶縁電線	14．ポリエチレン絶縁ポリエチレンシースケーブル
6．架橋ポリエチレン絶縁電線	15．ポリエチレン絶縁ビニルシースケーブル
7．EPゴム絶縁電線	16．EPゴム絶縁クロロプレンシースケーブル
8．アルミ被ケーブル	17．MIケーブル
9．鋼帯がい装ケーブル	18．耐火電線（消防庁告示適合品）

◎これらの電線は、**金属管、可とう電線管**または合成樹脂管に収め、耐火構造で造った壁、床等に**埋設する**。埋設する深さは、壁体等の表面から**10mm以上**とする。ただし、**合成樹脂管**を使用する場合は、埋設する深さを**20mm以上**とする。

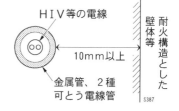

▷用語：可とう〔可撓〕…物質が外力によって、しなやかにたわむ性質。たわみ性。撓性。

▷用語：**可とう電線管**…金属又は合成樹脂製で自由に湾曲する電線管。直管部分を金属電線管で敷設し、曲がりの部分に可とう電線管を用いるのが一般的な電線管工事の使用方法となる。

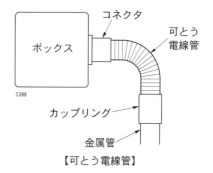

【可とう電線管】

〔MIケーブル又は耐火電線を使用する場合〕

◎MIケーブル又は耐火電線（消防庁告示適合品）を使用し、末端または接続部に各電線ごとに定められた耐火保護を行った場合は、**露出配線**とすることができる。

◎MIケーブルは、金属シースと導体との間に無機絶縁物（酸化マグネシウムなど）を強固に充填した構造となっている。金属シースの材料には、ステンレス鋼などが使われる。導体は空気やガスから完全に遮断されるため、酸化や腐食がしにくい。特に高温性能に優れている。

【MIケーブルの断面図】S387

▷用語：MI〔mineral insulated〕無機物で絶縁された～。

▶**耐熱保護配線の工事**

◎耐熱配線の範囲は、点検要領により定められている（39P参照）。

◎耐熱配線に使用することができる電線は、耐火配線に使用できる電線及び耐熱電線（消防庁告示適合品）とする。

◎配線は、**金属管工事**、可とう電線管工事、**金属ダクト工事**又はケーブル工事（不燃性のダクトに敷設するものに限る）により設けること。

◎ただし、MIケーブル又は耐熱電線・耐火電線（いずれも消防庁告示適合品）を使用し、末端または接続部に各電線ごとに定められた耐熱保護を行った場合は、**露出配線**とすることができる。

▶**配線のまとめ**

	電線	工事の内容
耐火配線	HIV 耐熱性を有する電線 耐火電線（告示適合）	金属管、合成樹脂管等に収め、更に壁等に埋設
	MIケーブル	露出配線
耐熱配線	HIV 耐熱性を有する電線 耐熱電線（告示適合）	金属管工事、可とう電線管工事、金属ダクト工事など
	MIケーブル	露出配線

▷解説：600V2種ビニル絶縁電線（記号HIV）の構造は、600Vビニル絶縁電線（IV）と基本的に同じである。ただし、絶縁体の許容温度が75℃に設定されている（IVは60℃に設定）。HIVは耐熱性が優れているほか、許容電流がIVより多く確保できる。

【1】金属管に収め耐火構造の壁に埋め込まなくても、耐火配線の工事と同等と認められるものは、次のうちどれか。[★][編]

□　1．アルミ被ケーブルを使用するもの
　　2．CDケーブルを使用するもの
　　3．MIケーブルを使用するもの
　　4．クロロプレン外装ケーブルを使用するもの
　　5．600V2種ビニル絶縁電線を使用するもの
　　6．シリコンゴム絶縁電線を使用するもの
　　7．耐熱電線を使用するもの

【2】配線の耐熱保護範囲に使用することが認められているものとして、正しいものは次のうちどれか。[★]

□　1．600Vビニル絶縁電線を金属ダクト工事で使用した。
　　2．CDケーブルを露出配線工事で使用した。
　　3．ポリエチレン絶縁電線を金属管工事で使用した。
　　4．600V2種ビニル絶縁電線を露出配線工事で使用した。

【3】屋内消火栓設備における耐火配線の工事方法として、正しいものは次のうちどれか。

□　1．MIケーブルの端末又は接続部を除く部分に耐火保護を行い、居室に側した壁面に露出配置した。
　　2．600V2種ビニール絶縁電線を金属管内に収め、居室に側した壁面に露出配置した。
　　3．シリコンゴム絶縁電線を合成樹脂管内に収め、耐火構造で造った壁に深さ10mmに埋設した。
　　4．CDケーブルを合成樹脂管内に収め、耐火構造で造った壁に深さ20mmに埋設した。

【4】配線の耐火耐熱保護範囲に使用することが認められているものとして、正しいものは次のうちどれか。

□　1．四ふっ化エチレン絶縁電線を合成樹脂管工事により敷設した。
　　2．600Vビニル絶縁電線を金属ダクト工事により敷設した。
　　3．アルミ被ケーブルを金属管工事で敷設した。
　　4．ポリエチレン絶縁電線を露出配線とした。

【5】 配線のうち、耐火耐熱保護範囲に使用することが認められている配線は次の
うちどれか。

☐　1．600V ビニル絶縁ビニルシースケーブル

　　2．600V 2種ビニル絶縁電線

　　3．屋外用ビニル絶縁電線

　　4．引込線用ビニル絶縁電線

▶▶正解＆解説……………………………………………………………………………

【1】正解3

【2】正解3

　1．600Vビニル絶縁電線（IV）ではなく、600V 2種ビニル絶縁電線（HIV）又はこれ
　　と同等以上の耐熱性を有する電線が必要となる。

　2．露出配線とする場合は、MI ケーブルが必要となる。

　3．ポリエチレン絶縁電線は600V 2種ビニル絶縁電線（HIV）と同等以上の耐熱性を
　　有する電線である。

　4．露出配線工事ではなく、金属管工事、可とう電線管工事、金属ダクト工事等が必要
　　となる。

【3】正解4

　1．MIケーブルを露出配線として使用する場合は、端末又は接続部に定められた耐火保
　　護を行う必要がある。

　2．金属管は、居室に側した壁面に露出配置してはならない。耐火構造で造った壁に深
　　さ10mm以上埋設する。

　3．合成樹脂管内に収める場合は、耐火構造で造った壁に深さ20mm以上埋設する。

【4】正解3

　1．［合成樹脂管工事による敷設］は、耐火保護又は耐熱保護の範囲に使用が認められ
　　ていない。耐火保護配線では、四ふっ化エチレン絶縁電線を合成樹脂管に収め、耐火
　　構造で造った壁に埋設する。耐熱保護配線では、四ふっ化エチレン絶縁電線を金属管
　　工事等により設ける。

　2．600V ビニル絶縁電線（IV）ではなく、600V 2種ビニル絶縁電線（HIV）又はこ
　　れと同等以上の耐熱性を有する電線が必要となる。

　3．この場合、耐火耐熱保護の範囲に使用が認められている。

　4．露出配線とする場合は、MI ケーブルが必要となる。

【5】正解2

　1＆3＆4．いずれも耐火耐熱保護範囲に使用することが認められていない。

12. 耐火配線と耐熱配線の範囲

◎電源回路以外（操作回路、警報回路、表示灯回路等）にあっては、耐火配線又は
　耐熱配線であってその保護部分に損傷等がないこと（点検要領　配線）。

◎点検要領の「配線」によると、各設備ごとに耐火・耐熱配線の範囲が次のとおり
　に定められている。

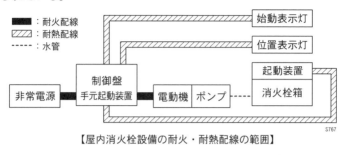

【屋内消火栓設備の耐火・耐熱配線の範囲】

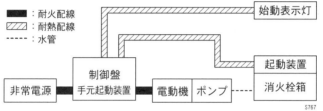

【屋外消火栓設備の耐火・耐熱配線の範囲】

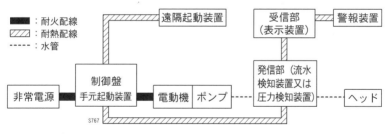

【スプリンクラー設備・水噴霧消火設備の耐火・耐熱配線の範囲】

▶電圧の区分

◎電圧は、次の区分により低圧、高圧及び特別高圧の3種とする（電気設備に関す
　る技術基準を定める省令）。

区　分	交　流	直流
低　圧	600V以下のもの	750V以下のもの
高　圧	600V超7,000V以下	750V超7,000V以下
特別高圧	7,000V超	7,000V超

【1】屋内消火栓設備の非常電源回路で消防法令上、耐火配線でなければならない
　　 ものの組合せとして、正しいものはどれか。

　　　ア．制御盤と始動表示灯　　　イ．制御盤と位置表示灯
　　　ウ．制御盤と起動装置　　　　エ．制御盤と非常電源
　　　オ．制御盤と電動機

□　　1．ア、イ
　　　2．ウ、エ
　　　3．ウ、オ
　　　4．エ、オ

【2】耐火電線の基準に関する次の記述について、消防告示上、誤っているものは
　　 次のうちどれか。

□　　1．使用電圧が交流で700Vの電路に使用されるケーブルは低圧ケーブルであ
　　　　る。
　　　2．使用電圧が直流で800Vの電路に使用されるケーブルは高圧ケーブルであ
　　　　る。
　　　3．導体を絶縁物で被覆し、その上から保護被覆で保護した電線をケーブルと
　　　　いう。
　　　4．導体を絶縁物で被覆した電線をダクトに入れ組み立てたものは、バスダク
　　　　トという。

▶▶正解＆解説‥‥‥‥‥‥‥‥‥‥‥‥‥‥‥‥‥‥‥‥‥‥‥‥‥‥‥‥‥‥‥‥‥‥‥

【1】正解4
【2】正解1
　　1．交流700Vは600V超となるため、使用されるケーブルは高圧ケーブルとなる。
　　2．直流800Vは750V超となるため、使用されるケーブルは高圧ケーブルとなる。
　　3．「11．耐火配線と耐熱配線　▶電線・ケーブル・バスダクト」34P参照。
　　4．「バスダクト」は、母線を表すbusbar（ブスバー／バスバー）と、管を表すduct（ダ
　　　　クト）を組合せた名称である。アルミニウムや銅の導体を絶縁物で覆い、鋼板のケー
　　　　スに収めたもので、ブロックのようにつなぎ合わせていくことで、電路を形成する。
　　　　「11．耐火配線と耐熱配線　▶電線・ケーブル・バスダクト」34P参照。

▶配線の総合点検

◎消防庁では、「消防用設備等の点検基準、点検要領、点検表」を定めている。

◎それによると、配線は「第26 総合点検」で点検要領が定められている。以下、同点検要領より、点検項目の「絶縁抵抗」についてまとめた。

▶絶縁抵抗

◎測定電路の電源を遮断し、検電器等で更に充電の有無を確認してから各箇所の絶縁抵抗を確認する。

◎低圧電路にあっては、開閉器又は遮断器の分岐回路ごとに大地間及び配線相互間の絶縁抵抗値を100V、125V、250V又は500Vの絶縁抵抗計を用いて測定する。ただし、配線相互間で測定困難な場合は測定を省略してもよい。

◎高圧電路にあっては、電源回路相互間及び電源回路と大地との間の絶縁抵抗を1,000V、2,000V又は5,000Vの絶縁抵抗計を用いて測定する。

◎電源回路、操作回路、表示灯回路、警報回路、感知器回路、附属装置回路、その他の回路の絶縁抵抗値は、次の表の数値以上であること。

電路の使用電圧の区分		絶縁抵抗値	電路の例
300V以下	対地電圧が150V以下の場合	0.1MΩ	単相2線式100V 単相3線式100V/200V
	対地電圧が150Vを超え300V以下	0.2MΩ	三相3線式200V
300Vを超えるもの		0.4MΩ	三相4線式400V
3,000V高圧電路		3MΩ	－
6,000V高圧電路		6MΩ	－

◎単相3線式100V/200Vの回路では、100Vと200Vの負荷のどちらも使用できるが、このうち200Vは線間電圧であり、対地電圧は100Vとなる。従って、絶縁抵抗値は0.1MΩ以上の基準が適用される。

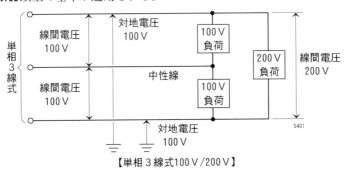

【単相3線式100V/200V】

【1】 対地電圧が150V以下の操作回路における絶縁抵抗の最小値として、正しいものは次のうちどれか。[★]

☐　1．0.1MΩ　　　　2．0.2MΩ
　　3．0.4MΩ　　　　4．1.0MΩ

【2】 下表は、単相100V、三相200V及び三相400Vの回路を有する4つの工場で、絶縁抵抗を測定し、記録したものである。このとき、絶縁不良と考えられる回路が発見された工場は、次のうちどれか。

工　場	100V回路	200V回路	400V回路
第1工場	0.4MΩ	0.2MΩ	0.3MΩ
第2工場	0.3MΩ	0.3MΩ	0.4MΩ
第3工場	0.2MΩ	0.2MΩ	0.5MΩ
第4工場	0.1MΩ	0.3MΩ	0.4MΩ

☐ 1．／ 2．／ 3．／ 4．

【3】 下表は、単相100V、三相200V及び三相400Vの回路を有する4つの工場で、絶縁抵抗を測定し、記録したものである。このとき、絶縁不良と考えられる回路が発見された工場は、次のうちどれか。

工　場	100V回路	200V回路	400V回路
第1工場	0.1MΩ	0.2MΩ	0.4MΩ
第2工場	0.1MΩ	0.4MΩ	0.5MΩ
第3工場	0.2MΩ	0.2MΩ	0.3MΩ
第4工場	0.2MΩ	0.3MΩ	0.4MΩ

☐ 1．／ 2．／ 3．／ 4．

▶▶ 正解&解説‥‥‥‥‥‥‥‥‥‥‥‥‥‥‥‥‥‥‥‥‥‥‥‥‥‥‥‥‥‥‥‥‥‥‥‥

【1】 正解1
【2】 正解1
　1．第1工場の三相400V回路では、絶縁抵抗が0.4MΩ以上であること。なお、単相3線式200Vの回路では、対地電圧が100Vとなるため、絶縁抵抗は0.1MΩ以上の基準が適用される。単相3線式200Vでは、中性線が接地されているため、線間電圧が200Vとなるが、対地電圧は100Vとなる。
【3】 正解3
　3．第3工場の三相400V回路では、絶縁抵抗が0.4MΩ以上であること。

第7章　消防用設備等の構造機能　規格部分

7章

1．加圧送水装置の用語

◎この告示は、消防法施行規則第12条第1項第7号ニに規定する加圧送水装置の基準を定めるものとする（加圧送水装置の基準　第1）。

◎この基準において、次の各号に掲げる用語の意義は、当該各号に定めるところによる（同第2　用語の意義）。

1．**加圧送水装置**…高架水槽、圧力水槽又はポンプにより圧力を加え、送水を行う装置をいう。

2．**高架水槽方式**の加圧送水装置…高架水槽の落差を利用して送水のための圧力を得る方式の加圧送水装置で、水槽、制御盤、水位計、排水管、溢水用排水管、補給水管、マンホールその他必要な機器で構成されるものをいう。

3．**圧力水槽方式**の加圧送水装置…水槽に加えられた圧力を利用して送水を行う方式の加圧送水装置で、水槽、圧力計、水位計、制御盤、排水管、補給水管、マンホールその他必要な機器で構成されるものをいう。

4．**ポンプ方式**の加圧送水装置…回転する羽根車により与えられた運動エネルギーを利用して送水のための圧力を得る方式の加圧送水装置で、ポンプ及び電動機、並びに制御盤、呼水装置、水温上昇防止用逃し配管、ポンプ性能試験装置、起動用水圧開閉装置、フート弁その他必要な機器で構成されるものをいう。

5．**制御盤**…加圧送水装置の監視、操作等を行うための装置をいう。

6．**呼水装置**…水源の水位がポンプより低い位置にある場合に、ポンプ及び配管に充水を行う装置をいう。

7．**水温上昇防止用逃し配管**…ポンプの締切運転時において、ポンプの水温の上昇を防止するための逃し配管をいう。

8．**ポンプ性能試験装置**…ポンプの全揚程（ポンプの吐出口における水頭とポンプの吸込口における水頭の差をいう。以下同じ。）及び吐出量を確認するための試験装置をいう。

9．**起動用水圧開閉装置**…配管内における圧力の低下を検知し、ポンプを自動的に起動させる装置をいう。

10．**フート弁**…水源の水位がポンプより低い位置にある場合に、吸水管の先端に設けられる逆止弁をいう。

11．**非常動力装置**…内燃機関、ガスタービン又はこれらと同等以上の性能を有する原動機により、ポンプを駆動する装置をいう。

■ 2. ポンプの耐圧力

◎ポンプ本体は、最高吐出圧力（特定施設水道連結型スプリンクラー設備に用いるものにあっては定格全揚程、それ以外のものにあっては締切全揚程に最高押込圧力を加えた圧力をいう。以下同じ。）の1.5倍の圧力を3分間加えた場合において、漏水、著しい変形等が生じないものであること（加圧送水装置の基準　第5　4）。

▶▶過去問題◀◀

【1】ポンプを用いる加圧送水装置について、次の文中の（　）に当てはまる語句の組合せとして、消防庁告示に定められているものは次のうちどれか。

「ポンプ本体は、最高吐出圧力の（ア）の圧力を（イ）加えた場合において、漏水、著しい変形等が生じないものであること。」

	（ア）	（イ）
□ 1.	1.2倍	3分間
2.	1.2倍	5分間
3.	1.5倍	3分間
4.	1.5倍	5分間

▶▶正解＆解説‥‥‥‥‥‥‥‥‥‥‥‥‥‥‥‥‥‥‥‥‥‥‥‥‥‥‥‥‥‥‥‥‥‥‥

【1】正解3

「ポンプ本体は、最高吐出圧力の〈⑦ 1.5倍〉の圧力を〈④ 3分間〉加えた場合において、漏水、著しい変形等が生じないものであること。」

7章

3．加圧送水装置の呼水装置

◎ポンプ方式の加圧送水装置の付属装置等は、次によるものとする（加圧送水装置
の基準　第6）。

①制御盤	②呼水装置	③水温上昇防止用逃し配管
④ポンプ性能試験装置	⑤起動用水圧開閉装置	⑥バルブ類
⑦フート弁	⑧圧力計及び連成計	⑨非常動力装置
⑩補助水槽		

◎ポンプの呼水装置は、次に定めるところによること（同第6　2）。

1．呼水装置は、呼水槽、溢水用排水管、排水管（止水弁を含む）、呼水管（逆止弁
及び止水弁を含む）、減水警報装置の発信部及び呼水槽に水を自動的に補給するた
めの装置により構成されるものであること。

2．呼水槽の材質は、鋼板、合成樹脂又はこれらと同等以上の強度、耐食性及び耐熱
性を有するものとし、腐食するおそれがある場合は有効な防食処理を施したもので
あること。

3．呼水槽の有効水量は、100L以上とすること。ただし、フート弁の呼び径が
150以下の場合にあっては、50L以上とすることができる。

4．呼水装置の配管口径は、補給水管にあっては呼び15以上、溢水用排水管にあっ
ては呼び50以上、呼水管にあっては呼び40以上であること。

5．減水警報装置の発信部は、フロートスイッチ又は電極とし、呼水槽の貯水量が当
該呼水槽の**有効水量の2分の1**となる前において、音響により警報を発するための
信号を発信するものであること。

6．呼水槽に水を自動的に補給する装置は、呼水槽が減水した場合において、水道、
高架水槽等から**ボールタップ**等により自動的に水を補給するものであること。

【1】ポンプを用いる加圧送水装置の呼水装置について、消防庁告示上、誤っているものは次のうちどれか。

□ 1．呼水装置は、呼水槽、溢水用排水管、排水管（止水弁を含む。）、呼水管（逆止弁及び止水弁を含む。）、減水警報装置の発信部及び呼水槽に水を自動的に補給するための装置により構成されるものであること。

2．呼水装置の配管口径は、補給水管にあっては呼び15以上、溢水用排水管にあっては呼び50以上、呼水管にあっては呼び40以上であること。

3．呼水槽の有効水量は、80L以上とすること。ただし、フート弁の呼び径が150以下の場合にあっては、40L以上とすることができる。

4．呼水槽に水を自動的に補給する装置は、呼水槽が減水した場合において、水道、高架水槽等からボールタップ等により自動的に水を補給するものであること。

【2】ポンプ方式の加圧送水装置の呼水装置に関する次の記述のうち、消防庁告示上、誤っているものはどれか。

□ 1．呼水槽の材質は、鋼板、合成樹脂又はこれらと同等以上の強度、耐食性及び耐熱性を有するものとし、腐食するおそれがある場合は有効な防食処理を施したものであること。

2．呼水槽の有効水量は、100L以上とすること。ただし、フート弁の呼び径が150以下の場合にあっては、50L以上とすることができる。

3．呼水装置の配管口径は、補給水管にあっては呼び15以上、溢水用配水管にあっては呼び50以上、呼水管にあっては呼び40以上であること。

4．減水警報装置の発信部は、フロートスイッチ又は電極とし、呼水槽の貯水量が当該呼水槽の有効水量の1／3となる前において、音響により警報を発するための信号を発信するものであること。

7章

▶▶正解＆解説‥‥

【1】正解3

3．「80L以上」⇒「100L以上」。「40L以上」⇒「50L以上」。

【2】正解4

4．「有効水量の1／3となる前」⇒「有効水量の1／2となる前」。

4. 加圧送水装置の水温上昇防止用逃し配管

◎ポンプの水温上昇防止用逃し配管は、次に定めるところによること（加圧送水装置の基準　第6　3）。

> 1．逃し配管は、ポンプ吐出側**逆止弁の一次側**であって、呼水管の逆止弁のポンプ側となる部分に接続され、ポンプの運転中に常時呼水槽等に放水するものであること。
> 2．逃し配管には、**オリフィス**及び**止水弁**が設けられていること。
> 3．逃し配管の口径は、呼び15以上とすること。
> 4．逃し配管には、ポンプの締切運転（ポンプの吐出側の弁を閉止して吐出量を0にした状態における運転をいう。）を連続して行った場合において、ポンプ内部の水温が30℃以上上昇しないようにするために必要な量の水が流れるように措置すること。

▶▶ 過去問題 ◀◀

【1】ポンプ方式の加圧送水装置に用いる水温上昇防止用逃し配管について、消防庁告示上、定められていないものを2つ選びなさい。[★]［編］

□　1．逃し配管は、ポンプ吐出側逆止弁の二次側であって、呼水管の逆止弁のポンプ側となる部分に接続され、ポンプの運転中に常時呼水槽等に放水するものであること。

　　2．逃し配管は、ポンプ吐出側逆止弁の一次側であって、呼水管の逆止弁のポンプ側となる部分に接続され、ポンプの運転中に常時呼水槽等に放水するものであること。

　　3．逃し配管には、オリフィス及び止水弁が設けられていること。

　　4．逃し配管には、オリフィス及び逆止弁が設けられていること。

　　5．逃し配管の口径は、呼び15以上とすること。

　　6．逃し配管には、ポンプの締切運転を連続して行った場合、ポンプ内部の水温が30℃以上上昇しないようにするために必要な量の水が流れるように措置すること。

▶▶正解&解説‥‥‥‥‥‥‥‥‥‥‥‥‥‥‥‥‥‥‥‥‥‥‥‥‥‥‥‥‥‥‥‥‥‥‥‥‥

【1】正解1&4

　1．「二次側」⇒「一次側」。

　4．「逆止弁」⇒「止水弁」。

5. 加圧送水装置のポンプ性能試験装置

◎ポンプのポンプ性能試験装置は、次に定めるところによること（加圧送水装置の基準 第6 4）。

> 1. 配管は、ポンプの吐出側の**逆止弁の一次側**に接続され、ポンプの負荷を調整するための流量調整弁、**流量計**等を設けたものであること。この場合において、流量計の流入側及び流出側に設けられる整流のための直管部の長さは、当該流量計の性能に応じたものとすること。
> 2. 流量計は、差圧式のものとし、定格吐出量を測定することができるものであること。
> 3. 配管の口径は、ポンプの定格吐出量を十分に流すことができるものであること。

▶▶過去問題◀◀

【1】ポンプ方式の加圧送水装置に設けるポンプ性能試験装置について、次の文中の（　）に当てはまる語句の組合せとして、消防庁告示上、正しいものはどれか。

　「配管は、ポンプの吐出側の逆止弁の（A）に接続され、ポンプの負荷を調整するための流量調整弁、（B）計等を設けたものであること。」

	（A）	（B）
□　1.	一次側	連成
2.	一次側	流量
3.	二次側	圧力
4.	二次側	連成

▶▶正解＆解説‥‥‥‥‥‥‥‥‥‥‥‥‥‥‥‥‥‥‥‥‥‥‥‥‥‥‥‥‥‥‥‥‥‥‥‥

【1】正解2

　「配管は、ポンプの吐出側の逆止弁の〈Ⓐ 一次側〉に接続され、ポンプの負荷を調整するための流量調整弁、〈Ⓑ 流量〉計等を設けたものであること。」

6. 加圧送水装置の起動用水圧開閉装置

◎加圧送水装置の起動用水圧開閉装置は、次に定めるところによること（加圧送水装置の基準　第6　5）。

> 1. 起動用圧力タンクの容量は、100L以上とすること。ただし、吐出側主配管に設ける止水弁の呼び径が150以下の場合にあっては、50L以上とすることができる。
> 2. 起動用圧力タンクは、労働安全衛生法に定める第二種圧力容器又は高圧ガス保安法に定める圧力容器の規定に適合するものであること。
> 3. 起動用圧力タンクは、ポンプ吐出側逆止弁の二次側において、管の呼び25以上で止水弁を備えた配管に接続されていること。
> 4. 起動用圧力タンク又はその直近には、圧力計、起動用水圧開閉器及びポンプ起動試験用の排水弁を設けること。
> 5. 起動用水圧開閉器の設定圧力は、著しく変動しないものであること。

▶▶過去問題◀◀

【1】ポンプ方式の加圧送水装置の起動用水圧開閉装置に関する次の記述について、消防庁告示上、誤っているものはどれか。

☐　1. 起動用圧力タンクの容量は、100L以上とすること。ただし、吐出側主配管に設ける止水弁の呼び径が150以下の場合にあっては、50L以上とすることができる。

　　2. 起動用圧力タンクは、ポンプ吐出側逆止弁の一次側において、管の呼び25以上で止水弁を備えた配管に接続されていること。

　　3. 起動用圧力タンク又はその直近には、圧力計、起動用水圧開閉器及びポンプ起動試験用の排水弁を設けること。

　　4. 起動用水圧開閉器の設定圧力は、著しく変動しないものであること。

7章

▶▶正解＆解説‥‥‥‥‥‥‥‥‥‥‥‥‥‥‥‥‥‥‥‥‥‥‥‥‥‥‥‥‥‥‥‥‥‥‥‥

【1】正解2

　　2. 「一次側」⇒「二次側」。

7. 自家発電設備

◎この告示は、消防法施行規則第12条第1項第4号ロ（ニ）に規定する自家発電設備の構造及び性能の基準を定めるものとする（自家発電設備の基準　第1）。

◎自家発電設備の構造及び性能は、次に定めるところによる（同第2　1）。

> 1．外部から容易に人が触れるおそれのある充電部及び駆動部は、安全上支障のないように保護されていること。
>
> 2．常用電源が停電した場合、自動的に電圧確立、投入及び送電が行われるものであること。ただし、自家発電設備のうち、運転及び保守の管理を行うことができる者が常駐し、かつ、停電時において直ちに操作することができる場所に設けるものにあっては、電圧確立を自動とし、投入を手動とすることができる。
>
> 3．常用電源が停電してから電圧確立及び投入までの**所要時間**（投入を手動とする自家発電設備にあっては投入操作に要する時間を除く。）は、**40秒以内**であること。ただし、常用電源の停電後40秒経過してから当該自家発電設備の電圧確立及び投入までの間、蓄電池設備の基準の規定（同告示第2　1（10）を除く。）に適合する**蓄電池設備**により電力が供給されるものにあっては、この限りではない。
>
> 4．常用電源が停電した場合、自家発電設備に係る負荷回路と他の回路とを自動的に切り離すことができるものであること。ただし、停電の際自家発電設備に係る負荷回路を他の回路から自動的に切り離すことができる常用の電源回路に接続するものにあっては、この限りでない。
>
> 5．発電出力を監視できる**電圧計**及び**電流計**を設けること。
>
> 17．発電機の総合電圧変動率は、定格電圧の±2.5％以内であること。

◎キュービクル式自家発電設備の構造及び性能は、第2　1及び2（省略）の規定によるほか、次に定めるところによる（同第2　3）。

> 2．外箱の構造は、次に定めるところによること。
> イ．外箱（コンクリート造又はこれと同等以上の耐火性能を有する床に設置するものの床面部分を除く。）の材料は、鋼板とし、その板厚は、屋外用のものにあっては、**2.3mm以上**、屋内用のものにあっては**1.6mm以上**であること。
> ロ．外箱の開口部には、防火戸が設けられていること。
>
> 3．内部の構造は、次に定めるところによること。
> イ．原動機、発電機、制御装置等の機器は、外箱の底面から10cm以上の位置に収納されているか、又はこれと同等以上の防水措置が講じられたものであること。
>
> 4．キュービクル式自家発電設備には、次に定めるところにより換気装置が設けられていること。
> ロ．自然換気口の開口部の面積の合計は、外箱の一の面について、当該面の面積の3分の1以下であること。

【1】消防用設備等の非常電源として使用する自家発電設備に関する次の記述のうち、文中の（　）に当てはまる語句の組合せとして、消防庁告示上、正しいものはどれか。

「常用電源が停電してから電圧確立及び投入までの所要時間（投入を手動とする自家発電設備にあっては投入操作に要する時間を除く。）は、（ア）以内であること。ただし、常用電源の停止後（ア）経過してから当該自家発電設備の電圧確立及び投入までの間、（イ）の基準（昭和48年消防庁告示第2号）の規定（同告示第2第1号（10）を除く。）に適合する（イ）により電力が補給されるものにあっては、この限りではない。」

	（ア）	（イ）
□ 1.	40 秒	蓄電池設備
2.	40 秒	燃料電池設備
3.	60 秒	蓄電池設備
4.	60 秒	燃料電池設備

【2】消防用設備等の非常電源として使用する自家発電設備について、消防庁告示上、誤っているものは次のうちどれか。

□ 1. キュービクル式自家発電設備の外箱の材料に用いる鋼板の板厚は、屋外用のものにあっては、2.3mm以上、屋内用のものにあっては1.6mm以上であること。

2. 常用電源が停電してから電圧確立及び投入までの所要時間（投入を手動とする自家発電設備にあっては投入操作に要する時間を除く。）は、60秒以内であること。

3. 常用電源が停電した場合、自家発電設備に係る負荷回路と他の回路とを自動的に切り離すことができるものであること。

4. 発電出力を監視できる電圧計及び電流計を設けること。

【3】消防用設備等の非常電源として使用する自家発電設備について、消防庁告示上、誤っているものは次のうちどれか。[編]

☐ 1．外部から容易に人が触れるおそれのある充電部及び駆動部は、安全上支障のないように保護されていること。

2．常用電源が停電した場合、原則として自動的に電圧確立、投入及び送電が行われるものであること。

3．常用電源が停電してから電圧確立及び投入までの所要時間（投入を手動とする自家発電設備にあっては投入操作に要する時間を除く。）は、60秒以内であること。

4．常用電源が停電した場合、自家発電設備に係る負荷回路と他の回路とを自動的に切り離すことができるものであること。

5．常用電源が停電した場合、運転及び保守の管理を行うことができる者が常駐し、かつ、停電時において直ちに操作することができる場所に設けるものにあっては、電圧確立を自動とし、投入を手動とすることができる。

【4】消防用設備等の非常電源として使用するキュービクル式自家発電設備について、消防庁告示に定められている事項として、誤っているものは次のうちどれか。

☐ 1．発電機の総合電圧変動率は、定格電圧の±2.5％以内であること。

2．原動機、発電機、制御装置等の機器は、外箱の底面から10cm以上の位置に収納されているか、又はこれと同等以上の防水措置が講じられたものであること。

3．自然換気口の開口部の面積の合計は、外箱の一の面について、当該面の面積の3分の1以下であること。

4．常用電源が停電してから電圧確立及び投入までの所要時間（投入を手動とする自家発電設備にあっては投入操作に要する時間を除く。）は、60秒以内であること。

▶▶正解＆解説……………………………………………………………………………………
【1】正解1
【2】正解2
　2．「60秒以内」⇒「40秒以内」。
【3】正解3
　3．「60秒以内」⇒「40秒以内」。
【4】正解4
　4．「60秒以内」⇒「40秒以内」。

◎この告示は、消防法施行規則第12条第1項第4号ハ（ニ）に規定する蓄電池設備の構造及び性能の基準を定めるものとする（蓄電池設備の基準　第1）。

◎蓄電池設備の構造及び性能は、次に定めるところによる（同第2　1）。

2．直交変換装置を有する蓄電池設備にあっては常用電源が停電してから**40秒以内**に、その他の蓄電池設備にあっては**常用電源が停電した直後**に、電圧確立及び投入を行うこと。

3．常用電源が停電した場合、蓄電池設備に係る負荷回路と他の回路とを**自動的に切り離す**ことができるものであること。ただし、停電の際蓄電池設備に係る負荷回路を他の回路から自動的に切り離すことができる常用の電源回路に接続するものにあっては、この限りでない。

4．蓄電池設備は、自動的に充電するものとし、充電電源電圧が定格電圧の±10%の範囲内で変動しても機能に異常なく充電できるものであること。

5．蓄電池設備には、**過充電防止機能**を設けること。

6．蓄電池設備には、自動的に又は手動により容易に均等充電を行うことができる装置を設けること。ただし、均等充電を行わなくても機能に異常を生じないものにあっては、この限りでない。

　▷用語：均等充電は、蓄電池の長期間使用に伴うセル電圧のばらつきを補正し、均一化するために行う充電である。

8．蓄電池設備には、当該設備の出力電圧又は出力電流を監視できる電圧計又は電流計を設けること。

9．0℃から40℃までの範囲の周囲温度において機能に異常を生じないものであること。

10．容量は、最低許容電圧になるまで放電した後24時間充電し、その後充電を行うことなく消防用設備等を、当該消防用設備等ごとに定められた時間以上有効に監視、制御、作動等をすることができるものであること。

　▷用語：最低許容電圧は、蓄電池の性能を保持するために最低限度必要な電圧をいう。

◎蓄電池設備の**蓄電池**の構造及び性能は、次に定めるところによる（同第2　2）。

1．鉛蓄電池は、**自動車用以外**のものであること。

5．蓄電池の単電池当たりの公称電圧は、鉛蓄電池にあっては**2V**、アルカリ蓄電池にあっては1.2V、ナトリウム・硫黄電池にあっては**2V**であること。

6．蓄電池は、液面が容易に確認できる構造とし、かつ、酸霧又はアルカリ霧が出るおそれのあるものについては、防酸霧装置又はアルカリ霧放出防止装置が設けられていること。ただし、シール形又は制御弁式のものにあっては、液面を確認できる構造としないことができる。

7．減液警報装置が設けられていること。ただし、補液の必要がないものにあっては、この限りでない。

8．リチウムイオン蓄電池以外の蓄電池の最低許容電圧は、公称電圧の80％の電圧であること。

◎蓄電池設備の**充電装置**の構造及び性能は、次に定めるところによる（同第2 3）。

5．**充電中**である旨を表示する装置を設けること。

6．蓄電池の充電状態を点検できる装置を設けること。

9．常用電源が停電した場合に自動的に蓄電池設備に切り替える装置の両端に当該装置の定格電圧±10％の電圧を加え、切替作動を100回繰り返して行い、切替機能に異常を生じないものであること。

```
▶▶ 過去問題 ◀◀
```

【1】消防用設備等の非常電源に用いる蓄電池設備の構造及び性能に関する次の記述のうち、文中の（ ）に当てはまる語句の組合せとして、消防庁告示上、正しいものはどれか。

　「直交変換装置を有する蓄電池設備にあっては常用電源が停電してから（ア）内に、その他の蓄電池設備にあっては（イ）に、電圧確立及び投入を行うこと。」

	（ア）	（イ）
□	1．40秒以内	常用電源が停電した直後
	2．40秒以内	常用電源が停電して10秒後
	3．60秒以内	常用電源が停電した直後
	4．60秒以内	常用電源が停電して10秒後

【2】非常電源に用いる蓄電池の構造及び機能について、消防庁告示に定められている基準に適合していないものは、次のうちどれか。

□　1．減液警報装置が設けられていること。ただし、補液の必要がないものにあっては、この限りでない。

　　2．常用電源が停電した場合、蓄電池設備に係る負荷回路と他の回路とを自動的に切り離すことができるものであること。

　　3．鉛蓄電池の単電池当たりの公称電圧は1.2Vであること。

　　4．充電装置には充電中である旨を表示する装置を設けること。

【3】非常電源として使用する蓄電池設備の充電装置の性能に関する次の記述について、文中の（　）に当てはまる数値の組合せとして、消防庁告示に定められているものは次のうちどれか。[★]

「常用電源が停電した場合に自動的に蓄電池設備に切り替える装置の両端に当該装置の定格電圧±（ア）%の電圧を加え、切替作動を（イ）回繰り返して行い、切替機能に異常を生じないものであること。」

	（ア）	（イ）
□ 1.	10	100
2.	10	200
3.	15	100
4.	15	200

【4】非常電源として使用する蓄電池設備の構造及び性能について、消防庁告示に定められていないものは次のうちどれか。

□ 1. 蓄電池設備には、過充電防止機能を設けること。

2. 補液の必要のないものにあっては、減液警報装置を設ける必要はない。

3. 鉛蓄電池にあっては、単電池当たりの公称電圧は1.2Vであること。

4. 充電装置には、充電中である旨を表示する装置を設けること。

【5】非常電源として設置した蓄電池設備の構造及び性能について、消防庁告示に定められている基準に適合していないものは、次のうちどれか。

□ 1. 0℃から40℃までの範囲の周囲温度において、機能に異常を生じないものを用いた。

2. 出力電圧を監視できる電圧計を取り付けた。

3. 自動車用の大容量の鉛蓄電池を用いた。

4. 出力電流を監視できる電流計を取り付けた。

【6】非常電源として使用する蓄電池設備の構造及び性能について、消防庁告示上、誤っているものは次のうちどれか。

□ 1. 蓄電池は、原則として液面が容易に確認できる構造とすること。

2. 酸霧又はアルカリ霧が出るおそれのあるものについては、それらの放出を防止するための装置が設けられていること。

3. 自動減液補充装置が設けられていること。ただし、補液の必要ないものにあっては、この限りでない。

4. 充電装置には、蓄電池の充電状態を点検できる装置を設けること。

【7】 非常電源としての蓄電池設備の構造及び性能について、消防庁告示上、誤っ
　　ているものは次のうちどれか。
□　1．自動的に充電するものであること。
　　2．充電電源電圧が定格電圧の±10％の範囲内で変動しても機能に異常なく
　　　充電できること。
　　3．放電中である旨の表示装置と、使用による過放電の防止装置を設けること。
　　4．出力電圧又は出力電流を監視できる電圧計又は電流計を設けること。

【8】 非常電源の蓄電池の構造及び性能について、消防庁告示上、誤っているもの
　　は次のうちどれか。
□　1．充電中である旨を表示する装置を設けること。
　　2．充電状態を点検できる装置を設けること。
　　3．過放電防止装置を設けること。
　　4．過充電防止装置を設けること。

▶▶正解＆解説‥‥‥‥‥‥‥‥‥‥‥‥‥‥‥‥‥‥‥‥‥‥‥‥‥‥‥‥‥‥‥‥‥‥‥‥
【1】正解1
【2】正解3
　3．鉛蓄電池の単電池当たりの公称電圧は2Vであること。
【3】正解1
【4】正解3
　3．鉛蓄電池の単電池当たりの公称電圧は2Vであること。
【5】正解3
　3．蓄電池設備に使用する鉛蓄電池は、自動車用以外のものを使用しなくてはならない。
【6】正解3
　1．ただし、シール形又は制御弁式のものは、液面を確認できる構造としないことがで
　　きる。実際は、ほとんどのものが液面を確認できない。シール形及び制御弁式の蓄電
　　池は、構造的に電解液がほとんど減らないようになっていることから、液面の点検も
　　必要としない。
　2．防酸霧装置又はアルカリ霧放出防止装置が設けられている。
　3．自動減液補充装置は設けられていない。点検時に液面が低下している場合は、人が
　　補液する。なお、補液が必要なものは、減液警報装置を設けることになっている。
【7】正解3
　3．充電中である旨の表示装置を備えること。また、蓄電池設備には過充電防止機能を
　　設けることになっているが、過放電については規定されていない。
【8】正解3
　3＆4．過放電防止装置の設置は、消防庁告示で定められていない。ただし、過充電防
　　止装置の設置は、消防庁告示で定められている。

9. 蓄電池設備の逆変換装置

◎逆変換装置は、直流を交流に変換するもので、インバーターなどが該当する。

◎蓄電池設備の逆変換装置の構造及び性能は、次に定めるところによる（蓄電池設備の基準　第2　4）。

> 1. 逆変換装置は、半導体を用いた静止形とし、**放電回路**の中に組み込むこと。
> 2. 逆変換装置には、出力点検スイッチ及び出力保護装置を設けること。
> 3. 逆変換装置に使用する部品は、良質のものを用いること。
> 4. 発振周波数は、無負荷から定格負荷まで変動した場合及び蓄電池の端子電圧が±10%の範囲内で変動した場合において、定格周波数の±5%の範囲内であること。
> 5. 逆変換装置の出力波形は、無負荷から定格負荷まで変動した場合において、有害な歪みを生じないものであること。

▶▶過去問題◀◀

【1】非常電源として設置する蓄電池設備の逆変換装置（直流を交流に変換するもの）の構造及び性能について、消防庁告示上、誤っているものは次のうちどれか。

[★]

- □ 1. 逆変換装置は、半導体を用いた静止形とすること。
  2. 逆変換装置は、充電回路の中に組み込むこと。
  3. 逆変換装置には、出力点検スイッチ及び出力保護装置を設けること。
  4. 逆変換装置の出力波形は、無負荷から定格負荷まで変動した場合において、有害なひずみを生じないものであること。

▶▶正解&解説⋯⋯⋯⋯⋯⋯⋯⋯⋯⋯⋯⋯⋯⋯⋯⋯⋯⋯⋯⋯⋯⋯⋯⋯⋯⋯⋯⋯⋯⋯⋯⋯

【1】正解2

　2. 逆変換装置は、放電回路の中に組み込むこと。蓄電池設備の直流を放電回路内の逆変換装置で交流にしたうえで、非常用交流負荷に供給する。

1．消防用ホース

◎この省令は、消防用ホースの技術上の規格を定めるものとする（消防用ホースの
　規格　第1条）。

◎この省令において、次の各号に掲げる用語の意義は、当該各号に定めるところに
　よる（同第2条）。

> 1．消防用ホース…消防の用に供する平ホース、保形ホース、大容量泡放水砲用ホー
>   ス及び濡れホースをいう。
> 2．**平ホース**…ジャケットにゴム又は合成樹脂の内張りを施した消防用ホース（保形
>   ホース、大容量泡放水砲用ホース及び濡れホースを除く。）をいう。
> 3．**保形ホース**…ホースの断面が常時円形に保たれる消防用ホースをいう。
> 4．**大容量泡放水砲用ホース**…大容量泡放水砲用防災資機材等としての用途にのみ用
>   いられる消防用ホースをいう。
> 5．**濡れホース**…水流によりホース全体が均一に濡れる消防用ホースをいう。
> 6．使用圧…折れ曲がった部分のない状態における消防用ホースに通水した場合の常
>   用最高使用水圧（単位MPa）をいう。
> 7．設計破断圧…ホースが破断しない最高の圧力として設計された水圧（単位MPa）
>   をいう。
> 8．ジャケット…たて糸及びよこ糸により筒状に織られたものをいう。
> 9．ダブルジャケット…平ホース又は大容量泡放水砲用ホースを外とうで被覆した構
>   造のものをいう。

◎消防用ホースは、次の各号に掲げる事項を、その見やすい箇所に容易に消えない
　ように表示するものでなければならない（同第5条）。

> 1．消防用である旨
> 2．製造者名又は商標
> 3．製造年
> 4．届出番号
> 5．呼称（大容量泡放水砲用ホースを除く。）、長さ（単位m）及びはしご付消防自動
>   車用・船舶用等の平ホース、船舶用の保形ホースにあってはその用途
> 6．「使用圧」という文字及び使用圧
> 7．「設計破断圧」という文字及び**設計破断圧**（設計破断圧が使用圧の**3倍以上**の平
>   ホース、保形ホース及び濡れホース並びに大容量泡放水砲用ホースを除く。）
> 8．ダブルジャケットのものにあっては、その旨
> 9．保形ホースにあっては、最小曲げ半径（単位cm）

10. 大容量泡放水砲用ホースにあっては、大容量泡放水砲用である旨、呼び径、使用圧を超えない動力消防ポンプに用いる旨
11. 濡れホースにあっては、その旨

◎平ホースの**長さ**は、乾燥させた状態で10m、15m、20m又は30mとし、表示された長さからその長さの110%の長さまでのものでなければならない。ただし、はしご付消防自動車、屈折はしご付消防自動車又は船舶の用に供されるものその他特殊な用途に使用されるものについては、この限りでない（同第10条）。

▶ ▶ 過去問題 ◀ ◀

【1】消防用ホースについて、規格省令上、誤っているものは次のうちどれか。

☐ 1. 平ホースとは、ジャケットにゴム又は合成樹脂の内張りを施した消防用ホース（保形ホース、大容量泡放水砲用ホース及び濡れホースを除く）をいう。

2. 大容量泡放水砲用ホースとは、大容量泡放水砲用防災資機材等としての用途にのみ用いられる消防用ホースをいう。

3. 濡れホースとは、水流によりホース全体が均一に濡れる消防用ホースをいう。

4. 保形ホースとは、ホースの断面が水流により円形に保たれる消防用ホースをいう。

【2】消防用ホースに表示すべき事項について、次の文中の（　）に当てはまる数値として、規格省令上、正しいものは次のうちどれか。

「設計破断圧という文字及び設計破断圧（設計破断圧が使用圧の（　）倍以上の平ホース、保形ホース及び濡れホース並びに大容量泡放水砲用ホースを除く。）を見やすい箇所に容易に消えないように表示すること。」

☐ 1. 2

2. 3

3. 4

4. 5

【3】 次の文は「消防用ホースの規格省令」より、平ホースの構造等について述べ
たものである。（　）に当てはまる数値の組合せとして、正しいものはどれか。

「平ホースの長さは、乾燥させた状態で10m、15m、（A）m又は（B）mとし、
表示された長さからその長さの110％の長さまでのものでなければならない。」

	（A）	（B）
□ 1.	20	30
2.	20	35
3.	25	30
4.	25	35

▶▶正解＆解説・・・

【1】 正解4

4. 保形ホースとは、ホースの断面が常時円形に保たれる消防用ホースをいう。水流の
有無にかかわらず、断面が円形に保たれる。

【2】 正解2

「設計破断圧という文字及び設計破断圧（設計破断圧が使用圧の〈3〉倍以上の平ホー
ス、保形ホース及び濡れホース並びに大容量泡放水砲用ホースを除く。）を見やすい
箇所に容易に消えないように表示すること。」

この規定により、設計破断圧が使用圧の3倍以上の平ホース等は、ホースに設計破断
圧を表示しなくてもよいことになる。

【3】 正解1

「平ホースの長さは、乾燥させた状態で10m、15m、〈Ⓐ 20〉m又は〈Ⓑ 30〉mとし、
表示された長さからその長さの110％の長さまでのものでなければならない。」

2．消防用ホースの呼称と区分

◎消防用ホース（大容量泡放水砲用ホースを除く。）は、その**呼称**に応じ、次の表に掲げる内径を有するものでなければならない（消防用ホースの規格　第4条）。

呼称	内径（単位 mm）
150	152以上156以下
125	127以上131以下
100	102以上105以下
90	89以上 92以下
75	76以上 79以下
65	63.5以上66.5以下

呼称	内径（単位 mm）
50	51以上 54以下
40	38以上 41以下
30	30.5以上33.5以下
25	26以上 28以下
20	18以上 20以下

◎平ホースは、次の表のとおり区分する（同第6条）。

使用圧（MPa）	呼称									
2.0			100	90	75	65	50	40		
1.6	150	125	100	90	75	65	50	40		
1.3	150	125	100	90	75	65	50	40		
0.9	150	125				65	50	40	30	25
0.7						65	50	40	30	25

▶▶過去問題◀◀

【1】消防用ホースの平ホースの区分について、規格省令上、誤っているものは次のうちどれか。

☐ 1．使用圧0.7の平ホースには、呼称65のものがある。
　　2．使用圧0.9の平ホースには、呼称50のものがある。
　　3．使用圧1.3の平ホースには、呼称40のものがある。
　　4．使用圧1.6の平ホースには、呼称30のものがある。

▶▶正解＆解説………………………………………………………………………………

【1】正解4

　4．使用圧1.6の平ホースには、呼称30のものはない。最小の呼称は40となっている。

3．消防用ホースに使用する差込式結合金具

◎差込式差し口の構造は、第4条各号に定めるもののほか、次に定めるところによらなければならない（差込式の結合金具の規格第7条）。

▷用語：差込式差し口は、差し金具、押し輪等により構成される差込式結合金具をいう。

> ２．差込式受け口と容易にかん合及び離脱のできる構造であること。
> ３．ホースを装着しない状態において押し輪が脱落しない構造であること。
> ４．押し輪は、十分な強度を有し、差込式受け口との離脱操作による変形等が生じないものであること。

◎差込式受け口の構造は、第4条各号に定めるもののほか、次に定めるところによらなければならない（同第8条）。

> ２．差込式差し口と容易にかん合及び離脱のできる構造であること。
> ３．つめ室は、砂その他異物が容易に入らない構造であること。
> ４．つめの数は、3個以上であること。
> ５．つめは、等間隔に配置されていること。
> ６．つめは、同一の形状であること。

▶▶過去問題◀◀

【1】消防用ホースに用いる差込式結合金具の構造について、規格省令上、誤っているものは次のうちどれか。

☐　１．差し口は、ホースを装着しない状態において押し輪が脱落しない構造であること。

　　２．受け口は、それぞれつめが異なる形状であること。

　　３．受け口は、つめの数が3個以上であること。

　　４．差し口は、差込式受け口と容易にかん合及び離脱のできる構造であること。

▶▶正解＆解説……………………………………………………………………………

【1】正解2

　　２．受け口は、つめが同一の形状であること。

1. 閉鎖型スプリンクラーヘッド

◎この省令は、閉鎖型スプリンクラーヘッドの技術上の規格を定めるものとする（閉鎖型ヘッドの規格　第1条）。

◎この省令において、次の各号に掲げる用語の意義は、それぞれ当該各号に定めるところによる（同第2条）。

1. **標準型ヘッド**…加圧された水をヘッドの軸心を中心とした円上に均一に分散するヘッドをいう。

1の2. **小区画型ヘッド**…標準型ヘッドのうち、加圧された水を第14条第2号イに規定する範囲内及び同号ロに規定する壁面の部分に分散するヘッドをいう。

1の3. **水道連結型ヘッド**…小区画型ヘッドのうち、配管が水道の用に供する水管に連結されたスプリンクラー設備に使用されるヘッドをいう。

2. **側壁型ヘッド**…加圧された水をヘッドの軸心を中心とした半円上に均一に分散するヘッドをいう。

3. **デフレクター**…放水口から流出する水流を細分させる作用を行うものをいう。

4. **設計荷重**…ヘッドを組み立てる際、あらかじめ設計された荷重をいう。

5. **標示温度**…ヘッドが作動する温度としてあらかじめヘッドに表示された温度をいう。

6. **最高周囲温度**…次の式によって求められた温度（標示温度が75℃未満のものにあっては、39℃）をいう。

$ta = 0.9tm - 27.3$　　　　ta：最高周囲温度　tm：ヘッドの標示温度

8. **フレーム**…ヘッドの取付部とデフレクターを結ぶ部分をいう。

9. **ヒュージブルリンク**…易融性金属により融着され、又は易融性物質により組み立てられた感熱体をいう。

▷用語：感熱体は、火熱により一定温度に達するとヘッドを作動させるために破壊又は変形を生じるものをいう。

10. **グラスバルブ**…ガラス球の中に液体等を封入した感熱体をいう。

◎ヘッドには、次の各号に掲げる事項を、その見やすい箇所に容易に消えないように表示しなければならない（同第15条）。

1. 製造者名又は商標
2. 製造年
3. 標示温度及び次の表の標示温度の区分による色別

標示温度の区分	色別
60℃未満	黒
60℃以上75℃未満	無
75℃以上121℃未満	白
121℃以上162℃未満	青
162℃以上200℃未満	赤
200℃以上260℃未満	緑
260℃以上	黄

▶▶過去問題◀◀

【1】閉鎖型スプリンクラーヘッドに関する用語の意義について、規格省令上、誤っているものは次のうちどれか。[★]［編］

□　1．グラスバルブとは、ガラス球の中に液体等を封入した感熱体をいう。

　　2．最高周囲温度とは、ヘッドが作動する温度としてあらかじめヘッドに表示された温度をいう。

　　3．標準型ヘッドとは、加圧された水をヘッドの軸心を中心とした円上に均一に分散するヘッドをいう。

　　4．デフレクターとは、放水口から流出する水流を細分させる作用を行うものをいう。

　　5．ヒュージブルリンクとは、易融性金属により融着され、又は易融性物質により組み立てられた感熱体をいう。

　　6．水道連結型ヘッドとは、小区画型ヘッドのうち、配管が水道の用に供する水管に連結されたスプリンクラー設備に使用されるヘッドをいう。

　　7．側壁型ヘッドとは、加圧された水をヘッドの軸心を中心とした半円上に均一に分散するヘッドをいう。

【2】閉鎖型スプリンクラーヘッドの用語の定義について、規格省令上、誤っているものは次のうちどれか。

□　1．標示温度とは、ヘッドが作動する温度としてあらかじめヘッドに表示された温度をいう。

　　2．デフレクターとは、放水口から流出する水流を細分させる作用を行うものをいう。

　　3．ヒュージブルリンクとは、ガラス球の中に液体等を封入した感熱体をいう。

　　4．設計荷重とは、ヘッドを組み立てる際、あらかじめ設計された荷重をいう。

【3】閉鎖型スプリンクラーヘッドの標示温度及びその区分による色別について、規格省令上、誤っているものは次のうちどれか。

□　1．標示温度が60℃未満のものにあっては赤色で表示すること。

　　2．標示温度が60℃以上、75℃未満のものにあっては無色で表示すること。

　　3．標示温度が75℃以上、121℃未満のものにあっては白色で表示すること。

　　4．標示温度が121℃以上、162℃未満のものにあっては青色で表示すること。

【4】閉鎖型スプリンクラーヘッドの標示温度及びその区分による色別について、規格省令上、黒色及び無色の標示温度を表しているものは、それぞれ次のうちどれか。〔編〕

□　1．60℃未満のもの　　　　　　　2．60℃以上75℃未満のもの

　　3．75℃以上121℃未満のもの　　4．121℃以上162℃未満のもの

▶▶正解＆解説……………………………………………………………………………………

【1】正解2

　　2．最高周囲温度〔ta〕は、次の式で求められた温度（標示温度が75℃未満のものにあっては、39℃）をいう。設問の内容は、ヘッドの標示温度。

　　〔ta〕＝0.9×〔ヘッド標示温度〕−27.3

　　　　例えば、ヘッド標示温度が72℃、90℃、96℃、98℃のものであれば、最高周囲温度は次のとおりとなる。

ヘッド標示温度	計算式	最高周囲温度
72℃	−	39℃
90℃	0.9×90−27.3	53.7℃
96℃	0.9×96−27.3	59.1℃
98℃	0.9×98−27.3	60.9℃

【2】正解3

3．ヒュージブルリンクとは、易融性金属により融着され、又は易融性物質により組み立てられた感熱体をいう。設問の「ガラス球の中に液体等を封入した感熱体」は、グラスバルブ。

【3】正解1

1．標示温度が60℃未満のものにあっては［黒色］で表示すること。

【4】正解　黒色…1　　　無色…2

2．閉鎖型ヘッドの作動試験

◎ヘッドは、その軸線を垂直にした状態から**45°に傾斜**した状態までの取付け範囲において、放水圧力0.1MPaで放水させても正常に作動するものでなければならない（閉鎖型ヘッドの規格　第11条3項）。

◎ただし、水道連結型ヘッドにあっては、最低放水圧力（省略）で放水させても正常に作動するものでなければならない。

▶▶過去問題◀◀

【1】閉鎖型スプリンクラーヘッド（水道連結型を除く）の作動試験に関する次の記述について、（　）に当てはまる数値として、規格省令に定められているものはどれか。

「ヘッドは、その軸線を垂直にした状態から（　）度に傾斜した状態までの取付け範囲において、放水圧力0.1MPaで放水させても正常に作動するものでなければならない。」

☐　1．20
　　2．30
　　3．45
　　4．60

▶▶正解＆解説…………………………………………………………………………………

【1】正解3

「ヘッドは、その軸線を垂直にした状態から〈45〉度に傾斜した状態までの取付け範囲において、放水圧力0.1MPaで放水させても正常に作動するものでなければならない。」

3. ラック式倉庫のヘッドの設置

◎ラック式倉庫のラック等を設けた部分には、水平遮へい板をラック式倉庫の等級に応じた高さごとに設ける（規則第13の5　5項4号・7項）。

①等級Ⅰにあっては4m以内ごと。

②等級Ⅱ及びⅢにあっては8m以内ごと。

③等級Ⅳにあっては12m以内ごと。

◎ラック式倉庫の等級は、収納物等の種類及び数量に応じて区分する。等級Ⅰが最も危険性の高い指定可燃物等を多量に収納するものとなる。

◎ラック式倉庫のうち**等級がⅠのもの**におけるスプリンクラーヘッドの設置方法は、次に定めるところによる（**ラック式倉庫のヘッドの設置基準　第3**）。

1. スプリンクラーヘッドは、次の表の左欄に掲げるラック等の種類に応じ、同表の中欄に掲げる設置位置に、同表の右欄に掲げる設置間隔により設けること。

ラック等の種類	設置位置	設置間隔
双列ラック等	水平遮へい板直下の連間スペースのうち搬送通路に面する部分	同一の搬送通路に面する側につき二連以下ごと
	水平遮へい板直下の背面スペース	二連以下ごと
単列ラック等	水平遮へい板直下の連間スペース	二連以下ごと

2. スプリンクラーヘッドは、ラック等の柱から0.08m以上離れた位置に設けること。

3. **通路面ヘッド**（双列ラック等の連間スペースのうち搬送通路に面する部分に設けるスプリンクラーヘッドをいう。）は、搬送通路から**0.45m以内**となるように設けること。

4. **背面ヘッド**（双列ラック等の背面スペースに設けるスプリンクラーヘッドをいう。）は、当該双列ラック等の同一水平面上において、通路面ヘッドが設けられている連間スペース以外の背面スペースに設けること。

5. **連間ヘッド**（単列ラック等の連間スペースに設けるスプリンクラーヘッドをいう。）は、その上方の連間ヘッドのうち直近のものが設けられている連間スペース以外の連間スペースに設けること。

　▷**解説**：この規定により連間ヘッドは、高さ4m以内ごとに交互の連間スペースに設置することになる。

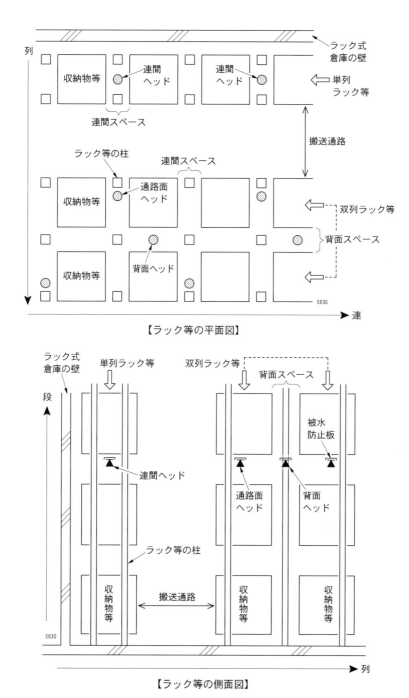

【ラック等の平面図】

【ラック等の側面図】

▷参考：図は、次ページを含め（一社）日本消火装置工業会の「スプリンクラー設備
設計工事基準書」より。

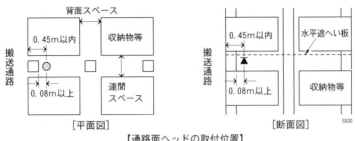

【通路面ヘッドの取付位置】

【1】 ラック式倉庫のうち、等級がⅠのものにおけるスプリンクラーヘッドの設置方法について、消防庁告示上、誤っているものは次のうちどれか。[★]

☐ 1. スプリンクラーヘッドは、ラック等の柱から0.05m以上離れた位置に設けること。

2. 通路面ヘッドは、搬送通路から0.45m以内となるように設けること。

3. 背面ヘッドは、当該双列ラック等の同一水平面上において、通路面ヘッドが設けられている連間スペース以外の背面スペースに設けること。

4. 連間ヘッドは、その上方の連間ヘッドのうち直近のものが設けられている連間スペース以外の連間スペースに設けること。

▶ ▶ 正解&解説 ‥‥‥‥‥‥‥‥‥‥‥‥‥‥‥‥‥‥‥‥‥‥‥‥‥‥‥‥‥‥‥‥‥‥‥‥

【1】 正解1

　1. 「0.05m」⇒「0.08m」

4. 放水型ヘッド等

◎この告示は、消防法施行規則第13条の4第2項などの規定に基づき、放水型ヘッド等を用いるスプリンクラー設備の設置及び維持に関する技術上の基準の細目を定めるものとする（放水型ヘッド等の基準細目　第1）。

◎この告示において、次の各号に掲げる用語の意義は、それぞれ当該各号に定めるところによる（同第2）。

> 2. 放水型ヘッド等…感知部及び放水部により構成されるものをいう。
>> ▷用語：感知部は、火災を感知するための部分であって、放水部と一体となっているもの又は放水部と分離しているものをいう。また、放水部は、加圧された水を放水するための部分をいう。
>
> 3. 固定式ヘッド…放水型ヘッド等の放水部のうち、当該ヘッド等の放水範囲が固定されているものをいう。
>
> 4. 可動式ヘッド…放水型ヘッド等の放水部のうち、当該ヘッド等の放水部を制御し、放水範囲を変えることができるものをいう。

◎放水型ヘッド等の放水部の性能は、次によること（同第3）。

> ①可動式ヘッドの有効放水範囲は、所要の放水量を放水することができる範囲で、20m²以上であること。
>
> ②可動式ヘッドの放水部を稼動させることにより放水範囲を変える場合の有効放水範囲は、相互に重複していること。

◎放水型ヘッド等は、その性能に応じて、高天井となる部分における床面で発生した火災を有効に感知し、かつ、消火することができるように、次に定めるところにより設けるものとする（同第4）。

> 〔固定式ヘッド〕
>
> ①放水区域は、高天井となる部分における床面を固定式ヘッドの放水により有効に包含し、かつ、当該部分の火災を有効に消火できるように設けること。
>
> ②一の放水区域は、その面積が100m²以上となるように設けること。ただし、高天井となる部分の面積が200m²未満である場合にあっては、一の放水区域の面積を100m²未満とすることができる。
>
> ③二以上の放水区域を設けるときは、火災を有効に消火できるように隣接する放水区域が相互に重複するようにすること。
>
> ④放水区域は、一又は複数の固定式ヘッドの有効放水範囲に包含されるように設けること。
>
> ⑤放水区域は、警戒区域を包含するように設けること。
>
> ⑥固定式ヘッドの周囲には、当該固定式ヘッドによる散水の障害となるような物品等が設けられ又は置かれていないこと。

〔可動式ヘッド〕

①放水区域は、高天井となる部分における床面を可動式ヘッドの放水により有効に包含し、かつ、当該部分の火災を有効に消火できるように設けること。

②放水区域は、可動式ヘッドの有効放水範囲に包含されるように設けること。

③放水区域は、警戒区域を包含するように設けること。

④可動式ヘッドの周囲には、当該可動式ヘッドの散水の障害となるような物品等が設けられ又は置かれていないこと。

◎放水型ヘッド等の感知部は、次により設けること（同第4　3）。

1. 警戒区域は、高天井となる部分の床面の火災を有効に感知できるように設けること。

2. 隣接する警戒区域は、**相互に重複**するように設けること。

3. 感知部は、当該感知部の種別に応じ、火災を有効に感知できるように設けること。

4. 感知部は、感知障害が生じないように設けること。

5. 感知部が走査型のものにあっては、次により設けること。

イ．警戒区域は、監視視野に包含されるように設けること。

ロ．初期の監視状態から作動し、一連の監視後において初期の監視状態に復するまでの時間が、60秒以内となるように設けること。

▷解説：走査型のものは、火災により発生する炎を検知する部分が上下左右に自動的に作動するものをいう。

▶▶過去問題◀◀

【1】スプリンクラー設備に用いる放水型ヘッド等のうち、固定式ヘッドの設置について、消防庁告示上、誤っているものは次のうちどれか。

☐　1．一の放水区域の面積が50m²以上となるように設けること。

2．二以上の放水区域を設ける場合、隣接する放水区域が相互に重複するように設けること。

3．放水区域は、一又は複数の固定式ヘッドの有効放水範囲に包含されるように設けること。

4．放水区域は、警戒区域を包含するように設けること。

【2】 スプリンクラー設備に用いる放水型ヘッド等のうち、可動式ヘッドの設置について、消防庁告示上、誤っているものは次のうちどれか。

☐ 1. 可動式ヘッドの放水部を稼動させることにより放水範囲を変える場合の有効放水範囲は、相互に重複していること。

2. 可動式ヘッドの有効放水範囲は、所要の放水量を放水することができる範囲で、40m^{2}以上であること。

3. 可動式ヘッドの放水区域は、警戒区域を包含するように設けること。

4. 可動式ヘッドの周囲には、当該可動式ヘッドの散水の障害となるような物品等が設けられ又は置かれていないこと。

【3】 スプリンクラーの放水型ヘッド等の感知部の構造について、消防庁告示上、誤っているものは次のうちどれか。

☐ 1. 感知部は、感知障害が生じないように設けること。

2. 警戒区域は、高天井となる部分の床面の火災を有効に感知できるように設けること。

3. 感知部が走査型の場合、警戒区域は、監視視野に包含されるように設けること。

4. 隣接する警戒区域は、相互に重複しないように設けること。

▶▶正解&解説 ···

【1】 正解1

1. 「50m^{2}以上」⇒「100m^{2}以上」。

ただし、高天井となる部分の面積が200m^{2}未満である場合にあっては、一の放水区域の面積を100m^{2}未満とすることができる。

【2】 正解2

2. 「40m^2」⇒「20m^2」。

【3】 正解4

4. 隣接する警戒区域は、相互に重複するように設けること。

5. 流水検知装置

◎この省令は、スプリンクラー設備、水噴霧消火設備又は泡消火設備に使用する流水検知装置（以下「流水検知装置」という。）の技術上の規格を定めるものとする（流水検知装置の規格 第1条）。

◎この省令において、次の各号に掲げる用語の意義は、当該各号に定めるところによる（同第2条）。

1. 流水検知装置…湿式流水検知装置、乾式流水検知装置及び予作動式流水検知装置をいい、本体内の流水現象を自動的に検知して、信号又は警報を発する装置をいう。

2. 湿式流水検知装置…一次側及び二次側に加圧水を満たした状態にあり、閉鎖型スプリンクラーヘッド又は一斉開放弁その他の弁が開放した場合、二次側の圧力低下により弁体が開き、加圧水等が二次側へ流出する装置をいう。
   ▷用語：一次側は、流水検知装置本体への流入側で弁体までの部分をいう。また、二次側は本体からの流出側で弁体からの部分をいう。

3. 乾式流水検知装置…一次側に加圧水等を、二次側に加圧空気を満たした状態にあり、閉鎖型スプリンクラーヘッド等が開放した場合、二次側の圧力低下により弁体が開き、加圧水等が二次側へ流出する装置をいう。

4. 予作動式流水検知装置…一次側に加圧水等を、二次側に空気を満たした状態にあり、火災報知設備の感知器、火災感知用ヘッドその他の感知のための機器が作動した場合、弁体が開き、加圧水等が二次側へ流出する装置をいう。

5. 使用圧力範囲…流水検知装置の機能に支障を生じない一次側の圧力の範囲をいう。

6. 圧力設定値…二次側に圧力の設定を必要とする流水検知装置において、使用圧力範囲における一次側の圧力に対応する二次側の圧力の設定値をいう。

◎湿式流水検知装置の構造は、次に定めるところによらなければならない（同第3条1項）。

1. 加圧送水装置を起動させるものにあっては、**逆止弁構造**を有すること。
2. **堆**積物により機能に支障を生じないこと。
3. 管との接続部は、管と容易に接続できること。
4. 加圧水等の通過する部分は、滑らかに仕上げられていること。
5. 本体及びその部品は、保守点検及び取替えが容易にできること。
6. 弁座面は、機能に有害な影響を及ぼすきずがないこと。
7. スイッチ類は、**防滴**のための有効な措置が講じられていること。
   ▷用語：防滴（ぼうてき）…水滴が入るのを防ぐこと。
8. 感度調整装置は、**露出**して設けられていないこと。

◎乾式流水検知装置の構造は、次に定めるところによらなければならない（同第3条2項）。

> 1. 堆積物により機能に支障を生じないこと。
> 2. 管との接続部は、管と容易に接続できること。
> 3. 加圧水等の通過する部分は、滑らかに仕上げられていること。
> 4. 本体及びその部品は、保守点検及び取替えが容易にできること。
> 5. 弁座面は、機能に有害な影響を及ぼすきずがないこと。
> 6. スイッチ類は、防滴のための有効な措置が講じられていること。
> 7. 感度調整装置は、露出して設けられていないこと。
> 8. 開放した弁体は、作動圧力比（弁体の開放直前の一次側の圧力を二次側の圧力で除した値をいう。）が1.5以下のものを除き、水撃、逆流等により再閉止しない装置を有すること。
> 9. 二次側に加圧空気を補充できること。
> 10. 弁体を開放することなく信号又は警報の機能を点検できる装置を有すること。

◎予作動式流水検知装置の構造は、次に定めるところによらなければならない（同第3条3項）。

> 1. 堆積物により機能に支障を生じないこと。
> 2. 管との接続部は、管と容易に接続できること。
> 3. 加圧水等の通過する部分は、滑らかに仕上げられていること。
> 4. 本体及びその部品は、保守点検及び取替えが容易にできること。
> 5. 弁座面は、機能に有害な影響を及ぼすきずがないこと。
> 6. スイッチ類は、防滴のための有効な措置が講じられていること。
> 7. 感度調整装置は、露出して設けられていないこと。
> 8. 開放した弁体は、作動圧力比（弁体の開放直前の一次側の圧力を二次側の圧力で除した値をいう。）が1.5以下のものを除き、水撃、逆流等により再閉止しない装置を有すること。
> 9. 弁体を開放することなく信号又は警報の機能を点検できる装置を有すること。
> 10. 二次側に圧力の設定を必要とするものは、加圧空気を補充できること。

◎流水検知装置は、**流速4.5m/sの加圧水等を30分間流水した場合**、機能に支障を生じないものでなければならない（同第8条）。

【1】流水検知装置に関する用語の意義について、規格省令上、誤っているものを
2つ選びなさい。[★][編]

☐　1．流水検知装置は、湿式流水検知装置、乾式流水検知装置及び予作動式流水
検知装置をいい、本体内の流水現象を自動的に検知して、信号又は警報を発
する装置をいう。

　　2．湿式流水検知装置は、一次側及び二次側に加圧水を満たした状態にあり、
閉鎖型スプリンクラーヘッド又は一斉開放弁その他の弁が開放した場合、二
次側の圧力低下により弁体が開き、加圧水等が二次側へ流出する装置をいう。

　　3．使用圧力範囲は、流水検知装置の機能に支障を生じない一次側の圧力の範
囲をいう。

　　4．使用圧力範囲は、流水検知装置の機能に支障を生じない二次側の圧力の範
囲をいう。

　　5．圧力設定値は、一次側に圧力の設定を必要とする流水検知装置において、
使用圧力範囲における二次側の圧力に対応する一次側の圧力の設定値をい
う。

【2】湿式流水検知装置の構造について、規格省令上、誤っているものは次のうち
どれか。

☐　1．本体及びその部品は、保守点検及び取替えが容易にできないこと。

　　2．感度調整装置は、露出して設けられていないこと。

　　3．スイッチ類は、防滴のための有効な措置が講じられていること。

　　4．加圧送水装置を起動させるものにあっては、逆止弁構造を有すること。

【3】湿式流水検知装置の構造について、規格省令上、正しいものは次のうちどれ
か。

☐　1．本体及びその部品は、外部からの影響を防ぐため、堅固で、取替えが容易
にできない構造であること。

　　2．感度調整装置は、露出して設けられていること。

　　3．管との接続部は、溶接式又はフランジ式継手を用いて接続されていること。

　　4．加圧送水装置を起動させるものにあっては、逆止弁構造を有すること。

【4】 予作動式流水検知装置の構造について、規格省令上、誤っているものを2つ
　　選びなさい。
☐　1．本体及びその部品は、保守点検及び取替えが容易にできないこと。
　　2．堆積物により機能に支障を生じないこと。
　　3．弁体を開放することなく信号又は警報の機能を点検できる装置を有するこ
　　　　と。
　　4．スイッチ類は、防滴のための有効な措置が講じられていること。
　　5．感度調整装置は、感度調整が容易にできるように露出して設けられている
　　　　こと。

【5】 予作動式流水検知装置の構造について、規格省令上、正しいものは次のうち
　　どれか。[★]
☐　1．加圧送水装置を起動させるものにあっては、逆止弁構造を有すること。
　　2．感度調整装置は、露出して設けられていること。
　　3．弁体を開放したときに、信号又は警報の機能を点検できる装置を有するこ
　　　　と。
　　4．二次側に圧力の設定を必要とするものは、加圧空気を補充できること。

【6】 流水検知装置の耐久試験に関する次の記述において、文中の（　）に当ては
　　まる数値として、規格省令に定められているものはどれか。
　　「流水検知装置は、流速（　）の加圧水等を30分間流水した場合、機能に支障
　　を生じないものでなければならない。」
☐　1．3.5m/s
　　2．4.5m/s
　　3．5.5m/s
　　4．6.5m/s

▶▶正解＆解説··

【1】正解4＆5

　　4．使用圧力範囲は、流水検知装置の機能に支障を生じない［一次側］の圧力の範囲を
　　　　いう。

　　5．圧力設定値は、［二次側］に圧力の設定を必要とする流水検知装置において、使用
　　　　圧力範囲における［一次側］の圧力に対応する［二次側］の圧力の設定値をいう。

【2】正解1

　　1．本体及びその部品は、保守点検及び取替えが容易にできること。

【3】正解4

　　1．本体及びその部品は、保守点検及び取替えが容易にできること。

　　2．感度調整装置は、露出して設けられていないこと。

　　3．管との接続部は、管と容易に接続できること。

【4】正解1＆5

　　1．本体及びその部品は、保守点検及び取替えが容易にできること。

　　5．感度調整装置は、露出して設けられていないこと。

【5】正解4

　　1．予作動式には、この規定がない。

　　2．感度調整装置は、露出して設けられていないこと。

　　3．弁体を［開放することなく］信号又は警報の機能を点検できる装置を有すること。

【6】正解2

　　「流水検知装置は、流速〈4.5m／s〉の加圧水等を30分間流水した場合、機能に支障を
　　生じないものでなければならない。」

6. 一斉開放弁

◎この省令は、スプリンクラー設備、水噴霧消火設備又は泡消火設備に使用する一斉開放弁（配管との接続部の内径が300mmを超えるものを除く。以下「一斉開放弁」という。）の技術上の規格を定めるものとする（一斉開放弁の規格　第1条）。

◎一斉開放弁の構造は、次に定めるところによらなければならない（同第2条）。

> 1．弁体は、常時閉止の状態にあり、起動装置の作動により開放すること。
> 2．弁体を開放した後に通水が中断した場合においても、再び通水できること。
> 3．堆積物により機能に支障を生じないこと。
> 4．管との接続部は、管と容易に接続できること。
> 5．加圧水又は加圧泡水溶液（以下「加圧水等」という）の通過する部分は、滑らかに仕上げられていること。
> 6．本体及びその部品は、保守点検及び取替えが容易にできること。
> 7．弁座面は、機能に有害な影響を及ぼすきずがないこと。

◎一斉開放弁の機能等（同第5条）。

> 1．一斉開放弁は、起動装置を作動させた場合、15秒（内径が200mmを超えるものにあっては、60秒）以内に開放するものでなければならない。
> 2．一斉開放弁は、流速4.5m/s（内径が80mm以下のものにあっては、流速6.0m/s）の加圧水等を30分間通水した場合、機能に支障を生じないものでなければならない。

◎一斉開放弁には、次に掲げる事項をその見やすい箇所に容易に消えないように表示しなければならない（同第6条）。

> 1．種別及び型式番号
> 2．製造者名又は商標
> 3．製造年
> 4．製造番号
> 5．内径、呼び及び一次側の使用圧力範囲
> 6．直管に相当する長さで表した圧力損失値
> 7．**流水方向を示す矢印**
> 8．取付け方向
> 9．弁開放用制御部の使用圧力範囲
> 10．制御動力に用いる流体の種類
> 11．制御動力の種類

【1】 一斉開放弁の構造について、規格省令上、誤っているものは次のうちどれか。

[★] [編]

☐ 1．弁体は、常時閉止の状態にあり、起動装置の作動により開放すること。

2．弁体を開放した後に通水が中断した場合においては、再び通水ができないこと。

3．本体及びその部品は、保守点検及び取替えが容易にできること。

4．管との接続部は、管と容易に接続できること。

5．堆積物により機能に支障を生じないこと。

6．加圧水の通過する部分は、滑らかに仕上げられていること。

7．一斉開放弁には、流水方向を示す矢印を見やすい箇所に容易に消えないように表示すること。

【2】 一斉開放弁の構造及び機能等について、規格省令上、誤っているものは次のうちどれか。

☐ 1．弁体は、常時閉止の状態にあり、起動装置の作動により開放すること。

2．弁体を開放した後に通水が中断した場合においては、再び通水ができないこと。

3．内径が200mmを超えるものにあっては、起動装置を作動させた場合、60秒以内に開放するものでなければならない。

4．内径が80mmを超えるものにあっては、流速4.5m/sの加圧水等を30分間通水した場合、機能に支障を生じないものでなければならない。

▶▶正解＆解説……………………………………………………………………………………

【1】正解2

2．弁体を開放した後に通水が中断した場合においても、再び通水できること。

【2】正解2

2．弁体を開放した後に通水が中断した場合においても、再び通水できること。

3．内径が200mm以下のものは、起動装置を作動させた場合、15秒以内に一斉開放弁が開放すること。また、内径が200mmを超えるものは、起動装置を作動させた場合、60秒以内に一斉開放弁が開放すること。

4．内径が80mm以下のものは、流速6.0m/sの加圧水等を30分間通水した場合、一斉開放弁の機能に支障を生じないこと。また、内径が80mmを超えるものは、流速4.5m/sの加圧水等を30分間通水した場合、一斉開放弁の機能に支障を生じないこと。

第8章　実技　鑑別等

8章

8章

1 共通事項

1. 工具類

▶▶過去問題◀◀

【1】 図の工具は、配管工事に用いられるものである。この工具の名称と使用目的を答えなさい。

□

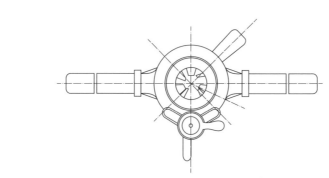

【2】 写真A・Bに示す工具の名称を答えなさい。

□　　　　　　　　A　　　　　　　　　　　　　　　　B

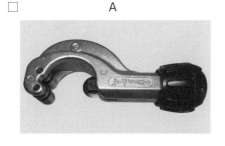　　　

【3】 写真A・Bに示す工具の名称及び用途を答えなさい。

□　　　　　　　　A　　　　　　　　　　　　　　　　B

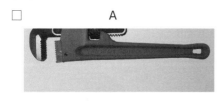　　　　

拡大

8章

83

【4】 写真A〜Fのうち、配管を加工するための工具を2つ選び記号で答えなさい。また、それらの名称及び用途をそれぞれ答えなさい。

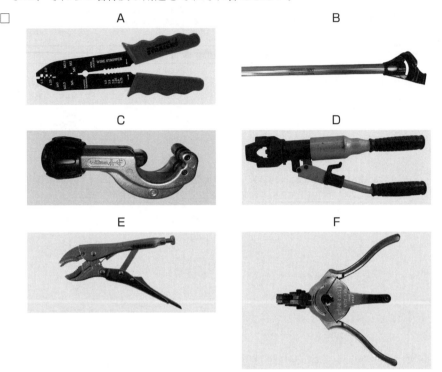

A

B

C

D

E

F

▶▶正解＆解説……………………………………………………………………………………

【1】 正解

> 工具の名称：手動ねじ切り器
> 使用目的　：金属管のねじを切る

　図は金属管の手動ねじ切り器である。管のねじ切りは、主に切削ねじ加工機（パイプマシン）が使われている。手動ねじ切り器の外観は次のとおり。

▷解説：「ねじを切る」とは、ねじの溝（ねじ山）を作ること。

【2】正解

> A：パイプカッター
> B：手動ねじ切り器

A．パイプカッターは、金属管を手動で切断する工具である。使い方は次のとおり。①パイプの切断部分にカッターの刃をあて、ノブを軽く回してくわえ込む。この状態でカッターを円周方向に1周させ、切り込み線を付ける。②次にノブを少し締め付け、切り込みを深くしていく。この作業を繰り返し行い、管を切断する。

▲パイプにセット　　　　▲パイプと刃のあたり　　　▲パイプの切り込み線

B．写真は手動ねじ切り器である。

【3】正解

> A．名称：パイプレンチ
> 　　用途：金属管を固定して回し込む
> B．名称：パイプベンダー
> 　　用途：金属管を曲げる

A．パイプレンチは、2つのあごに設けられた歯が2方向から金属管に食い込むことで、金属管を固定して回し込む工具である。

B．パイプベンダーは、先端部に金属管をセットして、セット部分で管を曲げる工具である。ベンダー（bender）は「曲げるもの」の意。

8章

【4】正解

配管の工具：BとC
工具Bの名称：パイプベンダー
　　　用途：金属管を曲げる。
工具Cの名称：パイプカッター
　　　用途：金属管を手動で切断する。

工具Aの名称：電工ペンチ、圧着ペンチなど
　　　用途：配線コードの被ふくをはぐ・端子を圧着する。
工具Dの名称：手動油圧式圧着工具
　　　用途：圧着端子や圧着スリーブと電線に圧力をかけて接続する。
工具Eの名称：パイスプライヤー
　　　用途：万力のように物をつかんだ状態を維持する。
工具Fの名称：ワイヤーストリッパー
　　　用途：電線コードの被ふくを1回の操作ではぎ取る。

2. 高架水槽式

▶▶過去問題◀◀

【1】図は、高架水槽式の加圧送水装置の一例を示したものである。矢印A〜Dに示す機器等の名称を答えなさい。[★]

□

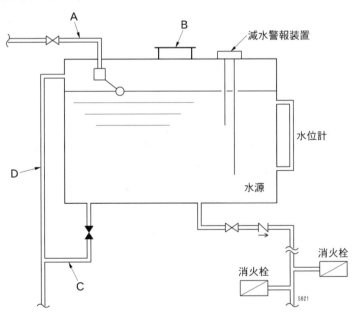

【2】図A～Dは、屋内消火栓設備の水源を示したものである。有効水量について
誤っているものの記号（A～D）をすべて○で囲みなさい。また、正しい有効
水量を示す矢印を図中に示しなさい。

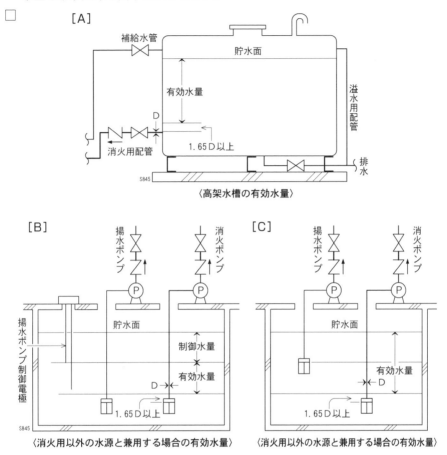

[A]

〈高架水槽の有効水量〉

[B]

〈消火用以外の水源と兼用する場合の有効水量〉

[C]

〈消火用以外の水源と兼用する場合の有効水量〉

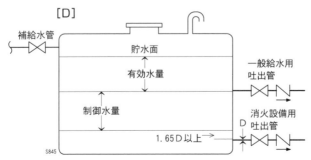

[D]

〈消火用以外の水源と兼用する場合の有効水量〉

8章

▶▶正解＆解説 ··

【1】正解

> A：補給水管　　　B：マンホール
> C：排水管　　　　D：いっ水用排水管

　溢水用排水管は、自動給水装置の故障等で水槽の水位が通常水位を超えた時、水が外へあふれないように排水する管である。上巻　第5章 ①「3．加圧送水装置の技術基準」273P 参照。

【2】正解

> ［C］○印　　　［D］○印
> 正しい有効水量：図のとおり

　上巻　第5章 ①「2．水源の有効水量」270P 参照。

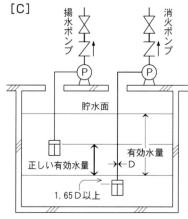

〈消火用以外の水源と兼用する場合の有効水量〉

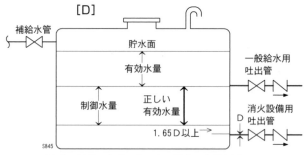

〈消火用以外の水源と兼用する場合の有効水量〉

▶▶過去問題◀◀

【1】写真（図）は、スプリンクラー設備に用いられる装置の一部を示したものである。次の各設問に答えなさい。[★]

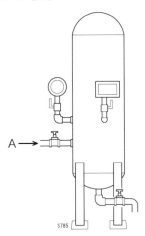

A→

S785

☐ 1. この装置の主な働きを答えなさい。

2. 矢印Aで示す部分は、ポンプ吐出側の逆止弁の一次側又は二次側の、どちらの配管に接続することとされているか、解答欄の該当するものを○で囲みなさい。

［解答欄：一次側・二次側］

【2】写真（図）はスプリンクラー設備の圧力タンクの周辺部分を示したものである。次の各設問に答えなさい。ただし、この設備の加圧送水装置はポンプを使用している。

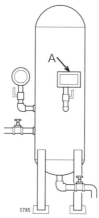

S785

☐　1．矢印Aで示す圧力スイッチは、配管内の圧力の変化によって作動するが、減圧又は加圧のどちらにより作動するか答えなさい。
　　2．写真（図）に示す圧力計は、どのような目的で設置されるか答えなさい。

▶▶正解＆解説‥‥‥‥‥‥‥‥‥‥‥‥‥‥‥‥‥‥‥‥‥‥‥‥‥‥‥‥‥‥‥‥‥‥‥‥
　上巻　第5章 ① 「3. 加圧送水装置の技術基準　▶起動用水圧開閉装置」281P 参照。
　▷注意：設問の【1】と【2】は写真で示されていたが、適切な写真が用意できなかったため、図とした。（編集部）
【1】正解

┌───┐
: 1．配管内における圧力の低下を検知し、ポンプを自動的に起動させる。
: 2．二次側
└───┘

　1．この装置は、起動用水圧開閉装置である。起動用圧力タンク、減圧で作動する圧力スイッチ（起動用水圧開閉器）、圧力計及びポンプ起動試験用排水弁などで構成されている。図は、起動用圧力タンクを示している。
　　正解の内容は、規格省令（加圧送水装置の基準）の第2（用語の意義）「起動用水圧開閉装置…配管内における圧力の低下を検知し、ポンプを自動的に起動させる装置をいう」より引用した。
　2．ポンプ吐出側の逆止弁の一次側に矢印Aを接続すると、ポンプを停止したときタンク内の圧力を維持することができなくなる。
【2】正解

┌───┐
: 1．減圧
: 2．圧力タンク内の圧力の測定
└───┘

4. 呼水槽

▶▶ 過去問題 ◀◀

【1】写真は屋内消火栓設備の加圧送水装置の周辺を示している。次の各設問に答えなさい。

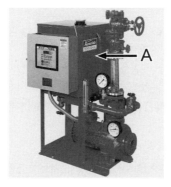

- □ 1．矢印Aで示す機器の名称を答えなさい。また、消防法令上、設置しなければならないのはどのような場合か答えなさい。
  2．フート弁の呼び径を150とした場合、矢印Aで示す機器に、消防法令上、必要とされる有効水量は何L以上か答えなさい。
  3．矢印Aで示す機器には、消防法令上、設けなければならない装置が2つあるが、そのうち1つを答えなさい。

【2】図は屋内消火栓設備の加圧送水装置に使われる水槽の一例を示している。次の各設問に答えなさい。

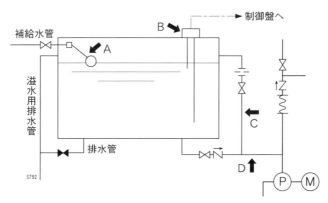

- □ 1．矢印A〜Dで示す機器の名称を答えなさい。
  2．矢印Bで示す機器は、消防法令上、貯水量が当該水槽の有効水量の何分の1となる前に音響による警報を発するものでなければならないか。

91

▶▶正解＆解説‥‥‥

【1】正解

> 1．機器の名称：呼水槽
>   設置しなければならない場合：水源の水位がポンプより低い位置にある場合
> 2．50L以上
> 3．[減水警報装置] または [呼水槽へ水を自動的に補給する装置（ボールタップ）]

　呼水装置は、上巻　第5章 ①「3．加圧送水装置　▶呼水装置」280P及び、第7章
①「3．加圧送水装置の呼水装置」46P参照。写真は、川本製作所より提供。

2．呼水槽の容量は100L以上とすること。ただし、フート弁の呼び径が150以下の
　場合は、容量を50L以上とすることができる。

3．呼水槽には減水警報装置及び呼水槽へ水を自動的に補給するための装置が設けられ
　ていること。

【2】正解

> 1．A：ボールタップ（呼水槽へ水を自動的に補給する装置）
>   B：減水警報装置（の発信部）
>   C：水温上昇防止用逃し配管
>   D：呼水管
> 2．2分の1（となる前に）

　上巻　第5章 ①「3．加圧送水装置の技術基準　■1．ポンプ方式の加圧送水装置」
274P参照。

A．ボールタップは、水面の上下変動により給水の弁を
　自動的に開閉させる装置である。定水位弁やフロート
　弁と呼ばれることもある。本体、シートパッキン、バ
　ルブ、レバー、ロッド、浮玉で構成される。

　　水槽内の水位が上がって浮玉が上昇すると、シート
　や弁座と呼ばれる部分にゴム製パッキンを押しあて、
　弁を閉じて給水を停止する。逆に、水槽内の水位が下がって浮玉が下降すると、シー
　トからパッキンが離れ、弁を開いて給水を開始する。この水槽内への給水の開始・停
　止により、水面の位置を一定に保つ働きをする。

B．減水警報装置の発信部を示している。ただし、規則では「減水警報装置」、送水装
　置の基準では「減水警報装置の発信部」としている。また、試験を実施している（一財）
　消防試験研究センターでは図で表すとき「減水警報装置」としている。以上のことから、
　「減水警報装置」または「減水警報装置の発信部」のいずれであっても、正解と考え
　られる（編集部）。
　　▷用語：タップ〔tap〕（水道などの）コック、蛇口
2．第7章①「3．加圧送水装置の呼水装置」46P参照。

▶▶ 過去問題 ◀◀

【1】 下の写真A及びBの管継手の名称をア〜カから選び、記号で答えなさい。

A   B

☐ ア．ベント   イ．径違いソケット   ウ．組フランジ

　　エ．ニップル   オ．レジューサ   カ．ユニオン

【2】 写真A〜Dは、管継手を示したものである。それぞれの名称を答えなさい。

☐

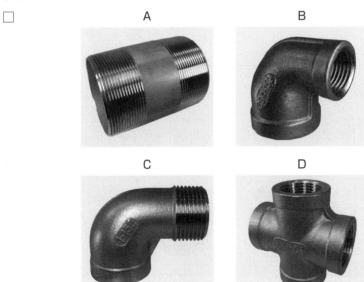

A   B

C   D

【3】写真A～Hは、管継手を示したものである。管継手の名称が誤っているもの
を4つ選び、記号で答えなさい。また、それらの正しい名称を答えなさい。

A　B　C

D　E　F

G　H

A．異径チーズ　　B．異径ソケット　　C．キャップ

D．六角ニップル　E．異径エルボ　　　F．異径ニップル

G．フランジ　　　H．ベンド

【4】写真A及びBの管継手の名称を語群から選び、記号で答えなさい。

A　B

┌〈語群〉
│　ア．ベント　　　　イ．ユニオン　　　ウ．おすめすソケット
│　エ．プラグ　　　　オ．クロス　　　　カ．ニップル
└

94

【5】図A〜Hは、管継手を示したものである。ブッシング及びクロスを選び、記号で答えなさい。

☐

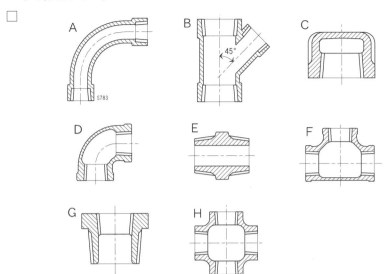

【6】写真A及びBに示す管継手の名称を答えなさい。

☐

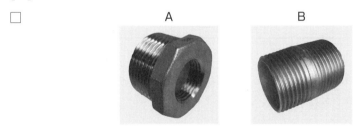

【7】右の写真は、加圧送水装置の上部に設けられている継手である。次の各設問に答えなさい。

☐　1．この継手の名称を答えなさい。

　　2．この継手を設ける理由を、簡潔に答えなさい。

【8】図A～Dは、消火設備の配管に使用する管継手の断面を示したものである。
それぞれの名称を語群から選び、記号で答えなさい。

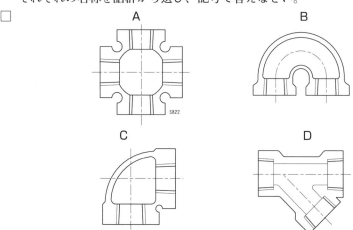

A

B

C

D

〈語群〉
ア．ベンド　　　　　　イ．エルボ　　　　　　ウ．ユニオン
エ．リターン　　　　　オ．クロス　　　　　　カ．T
キ．45°T　　　　　　ク．十字管　　　　　　ケ．Y型ストレーナ
コ．返しベンド　　　　サ．U　　　　　　　　シ．キャップ
ス．45°Y　　　　　　セ．二股継手　　　　　ソ．180°ソケット

【9】写真は、スプリンクラー設備の配管の接続に用いられる、ねじ込み式継手の
一例を示したものである。次の各設問に答えなさい。

1．この継手の名称を語群から選び、記号で答えなさい。

〈語群〉
ア．ハウジング継手　　　イ．多管継手　　　　ウ．ユニオン
エ．グループ式管継手　　オ．クロス　　　　　カ．多口継手

2．この継手により接続する配管の種類を答えなさい。

▶ ▶ 正解＆解説……………………………………………………………………

※上巻　第5章　①「9. 管継手」304P ～ 312P 参照。

【1】正解

> A：イ（径違いソケット）
> B：オ（レジューサ）

　径違いソケットとレジューサの決定的な違いは、管継手の種類がねじ込み形と突合せ溶接形で異なっている点である。ただし、両方とも異なる太さの管を直線上に接続する点では同じである。なお、Bは同心レジューサともいう。

　ベンド（下の写真左）は、管の進路を 90° 曲げる継手である。エルボに比べ曲げ半径が大きく摩擦損失が少ないという特徴がある。

　組フランジ（上の写真右2点）は、フランジ2個とボルト、ナット、ガスケットがセット（組）となっているものをいう。一方、相フランジは機器側などにあらかじめ片側のフランジが取り付けられている場合、接続する際の相手側のフランジを指す。

　ニップルは、おねじが付いていて同じ太さの管を直線上に延長する継手である。

　ユニオンは、配管の途中に設けて管の脱着を容易にする継手である。

【2】正解

> A：長ニップル（ニップル）
> B：径違いエルボ
> C：ストリートエルボ
> D：クロス

　Aのニップルは、丸ニップルと長ニップルがある。単に「ニップル」でも正解とされる可能性が高いが、ここでは「長ニップル」を正解とした（編集部）。

【3】正解

> C：正名称…プラグ
> E：正名称…ストリートエルボ
> G：正名称…ユニオン
> H：正名称…クロス

　違う径の管を接続する継手を「径違い～」または「異径～」という。設問では、「異径～」としている。

　Cのプラグは管の末端に差し込んで栓をする。

Eのストリートエルボは、一端におねじがあり、他端にめねじがある。一方、エルボは両端にめねじがある。

　Gのユニオンは、管の脱着を容易にする継手である。

　Hのクロスは、4本の管を十字状に接続する。

【4】正解

A：カ（ニップル）

B：エ（プラグ）

ア．ベント…曲げ半径が大きい継手

イ．ユニオン…管の脱着を容易にする継手

ウ．おすめすソケット…おねじとめねじが付いているソケット
　　（右写真）

オ．クロス…十字状に接続する継手

【5】正解

ブッシング：G

クロス：H

A：ベント	B：45°Y	C：キャップ
D：エルボ	E：ニップル	F：ティー（またはチーズ）
G：ブッシング	H：クロス	

【6】正解

A：ブッシング

B：丸ニップル

【7】正解

1．名称：可とう管継手

2．理由：地震等による配管の伸縮や偏心をたわんで吸収するため

【8】正解

A：オ（クロス）

B：コ（返しベンド）

C：イ（エルボ）

D：ス（45°Y）

　エルボは、曲率半径が比較的小さい管継手である。一方、ベンドは曲率半径が比較的大きい管継手である。

　返しベンドは、リターンベンドともいう。曲率半径は著しく小さい。

　Yは、3つの管をY字状に接続するために用いるY形の管継手である。「45°Y」は2つの中心軸のなす角度が45°であるYを表す。

【9】正解

1. 名称：カ（多口継手）
2. 巻出し管

写真の多口継手は7口をもつ管継手で、接続する配管は巻出し管となる。
配管は、各資料で「例」が示されている。

― ―

次の内容は、「（一財）日本消防設備安全センター」の「消防用設備等の基本テキスト
消火設備」による、枝管へのヘッド取付け例である。

【ヘッドの取付け例】 S784

― ―

次の内容は、「（一社）日本消火装置工業会」の「スプリンクラー設備　設計・工事基準書」
による、配管各部の名称と内容を示したものである。

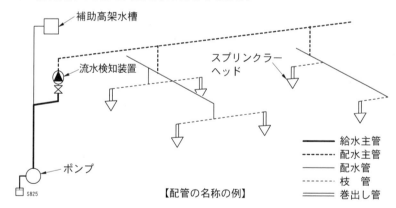

【配管の名称の例】

- 給水主管：ポンプから流水検知装置までの配管
- 配水主管：流水検知装置から配水管までの配管
- 配水管：配水主管から分岐し枝管までの配管
- 枝管：配水管から分岐し、巻出し管までの配管
- 巻出し管：枝管から分岐し、ヘッドに接続される配管

また、接続口を多数持つ多口継手を使用する配管工事をヘッダー工法と呼称することがある。ヘッダー工法とは、従来鋼管を三次元的につないでいた巻出し配管に対し、フレキシブル継手を用い、さらに多口継手を組合せる配管方法としたものである。

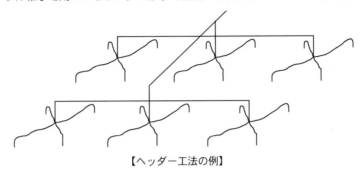

【ヘッダー工法の例】

- -

　次の内容は、さいたま市の「消防用設備等に関する審査基準」の「第3　スプリンクラー設備（閉鎖型ヘッドを用いるスプリンクラー設備）」による、配水主管、配水管及び枝管の構成例を示したものである。

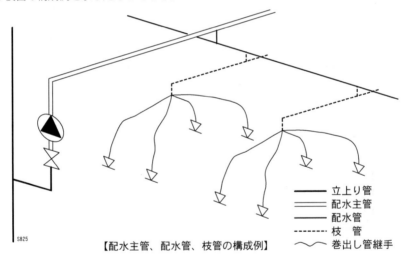

S825

【配水主管、配水管、枝管の構成例】

———	立上り管
═══	配水主管
———	配水管
-------	枝　　管
∿∿∿	巻出し管継手

6. 弁（バルブ）

▷参考：次の弁は、バタフライ弁を除き、全て**キッツ製**である。
　　　　なお、バタフライ弁は、**オーケーエム製**である。

玉形弁（グローブバルブ）		

フランジ形／内ねじ式	ねじ込み形／内ねじ式	フランジ形／外ねじ式

仕切弁（ゲートバルブ）		ボール弁

フランジ形／外ねじ式	フランジ形／内ねじ式	ねじ込み形

逆止弁（チャッキバルブ）		
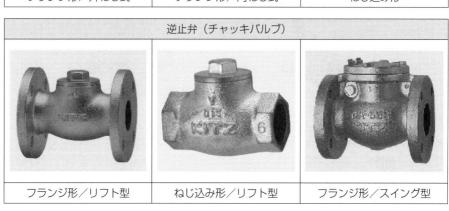		
フランジ形／リフト型	ねじ込み形／リフト型	フランジ形／スイング型

アングル弁	バタフライ弁	

ねじ込み形	制御弁用	リミットスイッチ付き

【1】 写真A～Dはバルブを示したものである。次の各設問に答えなさい。

A

B

C

D

□ 1. それぞれの名称を語群から選び、記号で答えなさい。

┌〈語群〉──────────────────────
│ ア. バタフライバルブ　　イ. グローブバルブ　　ウ. ボールバルブ
│ エ. チャッキバルブ　　　オ. ゲートバルブ　　　カ. アングルバルブ
└──────────────────────────

2. 外ねじ式と内ねじ式があるものを全て選び、記号で答えなさい

【2】写真A・Bはバルブを示したものである。次の各設問に答えなさい。

A   B

□　1．それぞれの名称を語群から選び、記号で答えなさい。

┌〈語群〉─────────────────────────────────
　ア．リフト型逆止め弁　　　　　イ．ボール弁
　ウ．玉形弁　　　　　　　　　　エ．スイング型逆止め弁
└─────────────────────────────────────

　　2．それぞれの設置できる配管を次から選び、記号で答えなさい。
　　　カ．水平配管と垂直配管の両方に設置できる。
　　　キ．水平配管のみに設置できる。
　　　ク．垂直配管のみに設置できる。

【3】図A及びBは、消火設備に使用する逆止弁の断面図である。次の各設問に答
　えなさい。

A   B

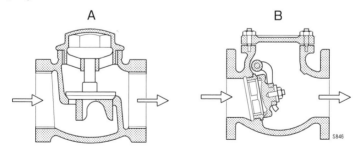

□　1．図A及びBに示す逆止弁の構造の種類を答えなさい。
　　2．逆止弁に関する、次の文中の（　）に当てはまる語句を答えなさい。
　　　「逆止弁は、流体の逆流を防止するほか、ポンプの（ア）側に設けて、（イ）
　　　からポンプを防護する働きがある。」

【1】正解

> 1．A：オ（ゲートバルブ）
>   B：ア（バタフライバルブ）
>   C：ウ（ボールバルブ）
>   D：イ（グローブバルブ）
> 2．A、D

　　写真Aは外ねじ式のゲートバルブ（仕切弁）である。ハンドル車を回すと、弁棒が上下するとともに弁体も上下する。

　　写真Dは外ねじ式のグローブバルブ（玉形弁）である。

【2】正解

> 1．A：ア（リフト型逆止め弁）
>   B：エ（スイング型逆止め弁）
> 2．A：キ（水平配管のみ）
>   B：カ（水平配管と垂直配管の両方）

　1．逆止め弁のリフト型とスイング型は、上部フタの取り付け方法とヒンジピンの有無で判別できる。リフト型のフタは六角部があり、下にねじが切ってある。一方、スイング型は、複数のナットで固定されている。また、弁体のヒンジピンが付いている。

　2．上巻　第5章 ① 「10．弁（バルブ）　▶逆止弁（ぎゃくしべん）」316P 参照。

【3】正解

> 1．A：リフト型
>   B：スイング型
> 2．ア：吐出
>   イ：水撃作用（またはウォーターハンマー）

　1．逆止弁は、構造によりリフト型とスイング型がある。

　2．「逆止弁は、流体の逆流を防止するほか、ポンプの〈⑦ 吐出〉側に設けて、〈④ 水撃作用（またはウォーターハンマー）〉からポンプを防護する働きがある。」

　　水撃作用は、ウォーターハンマーともいう。水撃作用は、管内の流体により引き起こされるもので、「流速の急激な変化により管内圧力が過渡的に上昇または下降する現象」である。上巻　第5章 ① 「10．弁（バルブ）　▶逆止弁（ぎゃくしべん）」316P 参照。

7. フート弁

▷参考：写真は全て川本製作所より提供。

 樹脂製／ねじ込み	 鋳鉄製／ねじ込み	 鋳鉄製／フランジ式

 ステンレス製／ねじ込み	 ステンレス製／フランジ式

【1】写真は、加圧送水装置に使われるバルブの一例を示したものである。次の各設問に答えなさい。

☐　1．バルブの名称を答えなさい。

　　2．このバルブの機能を簡潔に答えなさい。

　　3．バルブの下方にあるレバーには、ワイヤーが取り付けられる。このワイヤーの目的を答えなさい。

▶▶正解＆解説‥‥‥‥‥‥‥‥‥‥‥‥‥‥‥‥‥‥‥‥‥‥‥‥‥‥‥‥‥‥‥‥‥

【1】正解

　1．名称：フート弁
　2．機能：逆止弁構造によりポンプ側の水が水源に戻らないようにする。
　3．ワイヤーの目的：引き上げと引き下げ操作で、フート弁の機能を点検する。

　　写真は川本製作所の鋳鉄製・フランジ式のものである。消火設備用のフート弁には、全て点検用レバーが取り付けてある。接続してあるワイヤーを引くことで、フート弁を開けることができる。ワイヤーを元に戻すと、ポンプ側の水でフート弁が閉じる。これらの操作により、フート弁の機能を点検することができる。

　　フート弁は、ろ過装置を有するとともに、鎖、ワイヤー等で手動により開閉することができる構造のものであること（加圧送水装置の基準　第6　7号）。

　　上巻　第5章 ① 「3．加圧送水装置の基準　▶フート弁」278P 参照。

8. 配管支持金具

▶ ▶ 過去問題 ◀ ◀

【1】写真A〜C及び図Dは取付支持金具を示したものである。それぞれの名称を
語群から選び、記号で答えなさい。

A

B

C

D

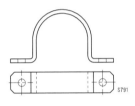

〈語群〉

ア. ローラー付吊バンド　　　　　イ. 鉄板製固定インサート
ウ. タンバックル付吊バンド　　　エ. 鋼管取付 U ボルト
オ. 鋳鉄製固定インサート　　　　カ. 鋼管取付サドル
キ. 立管用埋込足付バンド

【2】写真は、消火設備の配管の設置例である。次の各設問に答えなさい。

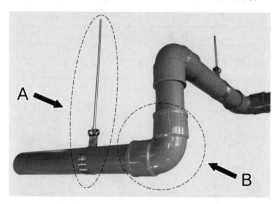

□ 1．矢印Aで示す天井に固定した配管支持金具の名称を答えなさい。
　 2．矢印Bで示す管継手の名称を答えなさい。

【3】写真は消火設備の配管の設置例である。次の各設問に答えなさい。

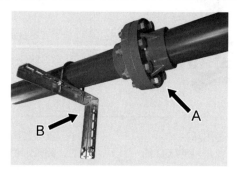

□ 1．矢印Aで示す管継手の名称を答えなさい。
　 2．矢印Bで示す壁面に固定した配管支持金具の名称を答えなさい。

▶▶正解＆解説··

【1】正解

> A：ウ（タンバックル付吊バンド）
> B：キ（立管用埋込足付バンド）
> C：ア（ローラー付吊バンド）
> D：カ（鋼管取付サドル）

タンバックル付吊バンド

ローラー付吊バンド

立管用埋込足付バンド

鋼管取付サドル

【2】正解

> 1．タンバックル付吊バンド
> 2．エルボ

【3】正解

> 1．A：フランジ
> 2．B：L型ブラケット

▶【2】と【3】の写真撮影について（編集部）

　屋内消火栓設備やスプリンクラー設備の配管は、一般に試験問題も含めて鋼管が使われる。本書では、配管等の写真撮影に際し、鋼管を使用すると質量が重いことと管用テーパねじを切る必要があるため、塩ビ管を使用している。

タンバックル付吊バンド

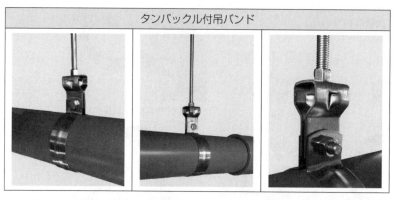

エルボ	チーズ（ティー）

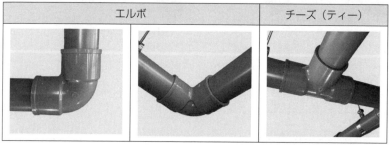

L型ブラケットとフランジ	L型ブラケット

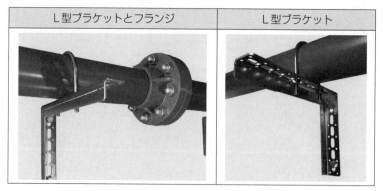

1．加圧送水装置の起動

▶▶過去問題◀◀

【1】図は屋内消火栓設備の1号消火栓（易操作性1号消火栓を除く）の作動方法
の一部で、自動火災報知設備の発信機を起動装置として兼用する方式の一例を示
したものである。次の各設問に答えなさい。

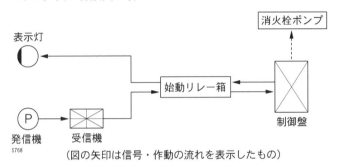

（図の矢印は信号・作動の流れを表示したもの）

☐　1．この方式において、発信機を押した場所で加圧送水装置の起動を確認する
　　　方法を1つ答えなさい。

　　　2．加圧送水装置を停止する方法を1つ答えなさい。

▶▶正解＆解説‥‥‥‥‥‥‥‥‥‥‥‥‥‥‥‥‥‥‥‥‥‥‥‥‥‥‥‥‥‥‥‥‥

【1】正解

```
1．屋内消火栓の表示灯が点灯から点滅に変わる。
2．制御盤の操作部を直接操作する。
```

　消火栓の始動リレーは、制御盤の近くや内部に設置されている。自動火災報知設備の
発信機が押されたことを信号として屋内消火栓設備に伝える働きをする。具体的には、
次の流れとなる。

　①自動火災報知設備の発信機が押される。②受信機に「発信機が押された」という信
号が入る。③受信機は「消火栓のポンプを始動せよ」という信号を始動リレーに出す。
④消火栓の始動リレーは、その信号を消火栓ポンプの制御盤に受け渡す。⑤制御盤は消
火栓ポンプを起動する。⑥制御盤は、「消火栓ポンプが始動した」旨の信号を始動リレ
ーに出力する。⑦始動リレーは、消火栓ポンプ起動の信号を受け、表示灯を「点灯」か
ら「点滅」表示に変える。

　　　上巻　第5章 2「3．構造及び機能　▶起動装置」332P 参照。

2．屋内消火栓

〔消火栓〕

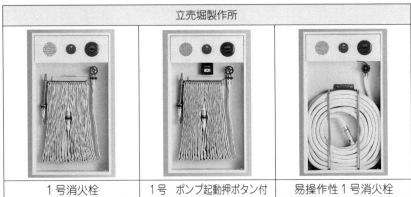

立売堀製作所		
1号消火栓	1号　ポンプ起動押ボタン付	易操作性1号消火栓

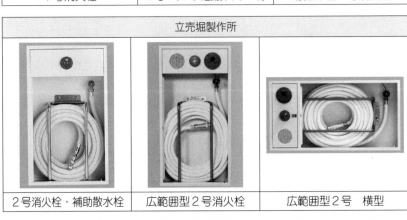

立売堀製作所		
2号消火栓・補助散水栓	広範囲型2号消火栓	広範囲型2号　横型

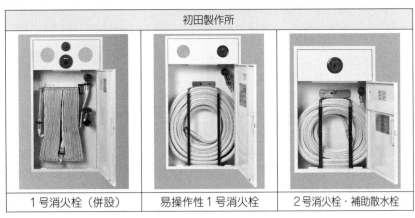

初田製作所		
1号消火栓（併設）	易操作性1号消火栓	2号消火栓・補助散水栓

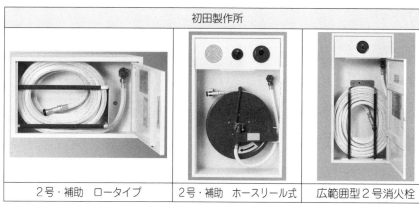

初田製作所		
2号・補助　ロータイプ	2号・補助　ホースリール式	広範囲型2号消火栓

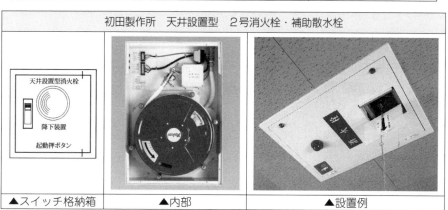

初田製作所　天井設置型　2号消火栓・補助散水栓

▲スイッチ格納箱	▲内部	▲設置例

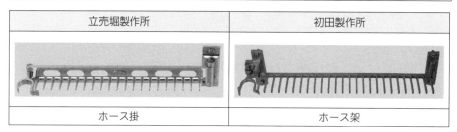

立売堀製作所	初田製作所
ホース掛	ホース架

〔消火栓開閉弁〕

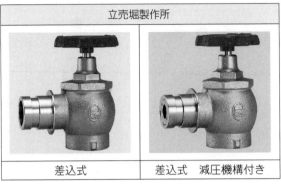

立売堀製作所	
差込式	差込式　減圧機構付き

▷**参考**：減圧機構の有無は、ホース接続口の内径で判断できる。減圧機構付きのものは内径が小さい。

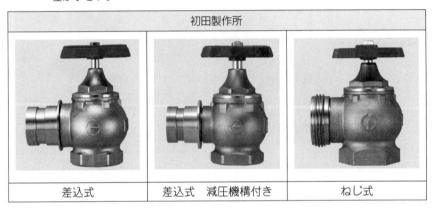

初田製作所		
差込式	差込式　減圧機構付き	ねじ式

〔消火栓弁の表示〕

　消火栓弁には、次に掲げる事項をその見やすい箇所に容易に消えないように表示すること（屋内消火栓等の基準　第13　4号）。

1．製造者名又は商標
2．製造年
3．型式番号
4．呼称
5．屋内消火栓設備の屋内消火栓及びスプリンクラー設備の補助散水栓にあっては、最高使用圧力
6．開閉弁の開閉方向

〔結合金具〕

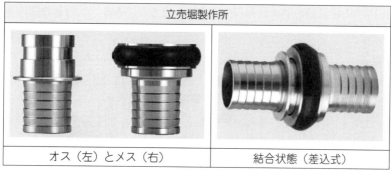

立売堀製作所	
オス（左）とメス（右）	結合状態（差込式）

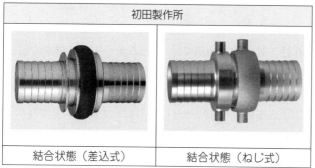

初田製作所	
結合状態（差込式）	結合状態（ねじ式）

▶▶過去問題◀◀

【1】写真は、施行令第11条第3項2号イに定める屋内消火栓を示す。次の各設問
に答えなさい。

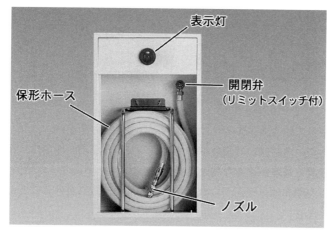

表示灯

開閉弁
（リミットスイッチ付）

保形ホース

ノズル

□ 1．開閉弁に付いているリミットスイッチの主な役割を答えなさい。

2．この屋内消火栓に保形ホースを使用する理由を答えなさい。

【2】写真A〜Cは、1号消火栓（易操作性1号消火栓を除く。）又は2号消火栓を使用した屋内消火栓設備の消火栓箱の内部を示したものである。次の各設問に答えなさい。

A

B

C

□　1．1号消火栓（易操作性1号消火栓を除く。）はどれか。すべて選び、記号で答えなさい。

　　2．2号消火栓はどれか。すべて選び、記号で答えなさい。

　　3．Aに付属している加圧送水装置を遠隔操作により起動する方法を簡潔に答えなさい。

【3】写真及び図は、屋内消火栓に使用される開閉弁の一例を示したものである。次の各設問に答えなさい。

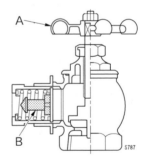

□　1．図中の矢印Aで示す部分に表示する内容を答えなさい。

　　2．このホース接続口に設けられた図中の矢印Bで示す部分は、どのような目的で設置されるか答えなさい。

　　3．この開閉弁は、床面からの高さ何m以下の位置に設けることとされているか答えなさい。

　　4．このホース接続口の結合金具の種類を答えなさい。［　　　　式］

【4】下の写真は、屋内消火栓に使用される器具の一例を示したものである。次の
各設問に答えなさい。

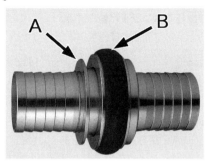

□　1．この器具の名称を答えなさい。
　　2．矢印A及びBの名称を答えなさい。
　　3．写真は結合状態を示しているが、切り離す操作方法を簡素に答えなさい。

【5】図は、屋内消火栓用ホースの差込式結合金具の断面を示したものである。図
　中の矢印A〜Dで示す部分の名称を語群から選び、記号で答えなさい。

□

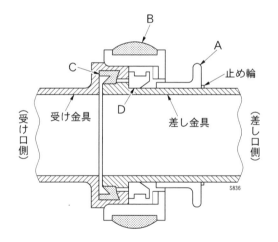

┌〈語群〉
│　ア．しめ輪　　　　　　イ．ハンドル　　　　　ウ．ゴムパッキン
│　エ．蓋（ふた）　　　　オ．ゴムバンド　　　　カ．ボディー
│　キ．押し輪　　　　　　ク．スピンドル　　　　ケ．つめ

▶▶正解＆解説･･

【1】正解

> 1．開閉弁の開放を検出してポンプを起動させる。
>
> 2．ホース引き伸ばしとバルブ開放の操作を1人で行うため。

　施行令第11条第3項2号イに定める屋内消火栓は、2号消火栓となる。また、同3項1号に定める屋内消火栓が1号消火栓、同3項2号ロに定める屋内消火栓が広範囲型2号消火栓となる。

1．リミットスイッチは、内蔵マイクロスイッチを外力、水、油、ガス、塵埃などから保護する目的で封入ケースに組み込んだものである。特に、機械的強度や耐環境性が要求されるところに使われるスイッチである。2号消火栓では、開閉弁に付加してよく使われる。また、ノズルを取り外すことで起動用スイッチが入る消火栓にも使われている。2号消火栓の起動方式は、支持してある［ノズルを取り外す］又は［消火栓開閉弁を開く］のいずれかとなる。上巻　第5章 ②「3．構造及び機能　▶起動方式の種類」332P 参照。

2．上巻　第2章 ②「2．1号消火栓と2号消火栓」103P 参照。

【2】正解

> 1．A
>
> 2．B、C
>
> 3．P型発信機のボタンを押す。

1＆2．Aは、1号消火栓である。BとCはいずれも2号消火栓で、Bは折畳み等収納式、Cはホースリール式である。

3．1号消火栓は、自動火災報知設備のP型発信機がポンプの起動と兼用となっている場合が多い。この場合、発信機のボタンを押すとポンプが起動するとともに、位置表示灯が点滅を開始する。上巻　第5章 ②「3．構造及び機能　▶起動方式の種類」332P 参照。

【3】正解

1．開閉弁の開閉方向
2．放水圧力が0.7MPaを超えないようにするため
3．1.5m以下
4．差込式

　写真及び図は、減圧機構付きの消火栓開閉弁である。

　開閉弁の開閉方向は、OとSの記号と矢印で表示されているものが多い。この場合、Oはオープン（OPEN）、Sはシャット（SHUT）を表している。

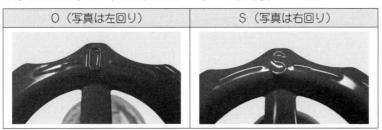

O（写真は左回り）	S（写真は右回り）

　法令（規則12条7号ホ）では、「加圧送水装置には、当該屋内消火栓設備のノズルの先端における放水圧力が0.7MPaを超えないための措置を講じること。」と定めている。なお、屋外消火栓設備では、放水圧力の上限値が0.6MPaとなっている。上巻　第5章 ② 「3．構造及び機能　▶消火栓開閉弁」338P参照。

【4】正解

1．差込式結合金具
2．A：押し輪　　　B：ゴムバンド
3．押し輪を結合部の方に押して、そのまま引き抜く。

　上巻　第5章 ② 「3．構造及び機能　▶消火栓の結合金具」337P参照。

【5】正解

A．キ（押し輪）　　　　　B．オ（ゴムバンド）
C．ウ（ゴムパッキン）　　D．ケ（つめ）

　上巻　第5章 ② 「3．構造及び機能　▶消火栓の結合金具」337P参照。

3. 補助高架水槽

【1】写真（図）は、ポンプ方式の加圧送水装置を用いた屋内消火栓設備の一部である。この水槽はビルの屋上に設けられ、ポンプの主配管に接続されたものである。この水槽の名称を答えなさい。また、どのような目的で設置されるか1つ答えなさい。

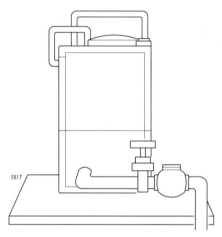

▶ ▶正解＆解説··

【1】正解

名称：補助高架水槽
目的：消火用配管の内部に常に水を満たしておくため。

　補助高架水槽は、屋内消火栓やスプリンクラーの配管のほか、連結送水管につながっており、配管内に空気が入り込まないよう、常に水で満たしておく働きをする。
　補助高架水槽がないと、時間の経過とともに配管内の水が蒸発して減っていく。この状態で放水しても、空気が混ざることで消火に必要な水量が足りなくなる。
　上巻　第5章 ② 「3．構造及び機能　▶補助高架水槽」340P 参照。

▶▶過去問題◀◀

【1】 下の写真は、工場に設置された屋内消火栓設備の放水圧力を測定しているものである。次の各設問に答えなさい。

□ 1. 次の文章の①・②に当てはまる数値を答えなさい。

「圧力計の指針は、（①）MPa以上（②）MPa以下の範囲内にあること。」

2. 放水圧力を測定するにあたり、ピトー管の先端をあてがう位置として正しいものを選び、記号で答えなさい。ただし、ノズル口径はDmmとする。

A. ノズル先端からD／4mm離れた中心線上

B. ノズル先端からD／2mm離れた中心線上

C. ノズル先端からDmm離れた中心線上

D. ノズル先端から2Dmm離れた中心線上

【2】写真は、屋内消火栓設備の放水圧力を測定しているところを示したものである。次の各設問に答えなさい。

☐ 1. 矢印で示す測定器具の名称を答えなさい。

2. この放水圧力の測定結果から放水量を求めることができるが、この放水量を求める計算式として正しいものを次のア〜エから選び、記号で答えなさい。

ア. $Q = KD^2P$

イ. $Q = KD^2 \sqrt{10P}$

ウ. $Q = 4DKP$

エ. $Q = K(D/2)^2P$

凡例
Q：放水量（L/min）
D：ノズル口径（mm）
P：放水圧力（MPa）
K：定数

【3】図は、政令第11条第3項第1号（「1号消火栓」という。）及び同項第2号イ（「2号消火栓」という。）に定められている屋内消火栓設備の放水圧力の測定の一例を示したものである。図中のA〜Dに当てはまる、消防法令に定められている数値を答えなさい。

☐

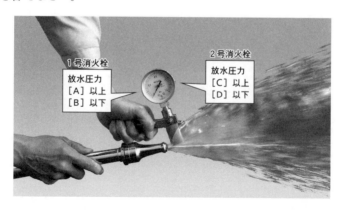

【4】図は、屋内消火栓設備の1号消火栓（易操作性1号消火栓を除く。）の総合点検のうち放水圧力の測定の一例を示したものである。次の各設問に答えなさい。

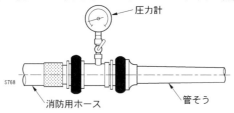

　　　　　　　　　　　　　　　　　　圧力計
　　　　　　　　　　S768
　　　　　　　　　消防用ホース　　　　　　管そう

☐　1．放水圧力の測定がこの方法に限られる放水の状態を解答欄のいずれかを○で囲み答えなさい。［棒状・噴霧状］
　　2．この消火栓に必要とされる放水圧力の範囲及び放水量を答えなさい。
　　　　［放水圧力の範囲：　　　　MPa 以上　　　　MPa 以下］
　　　　［放水量：　　　　L/min 以上］

【1】正解

> 1. ① 0.17（MPa以上） ② 0.7（MPa以下）
> 2. B

「工場に設置された屋内消火栓設備」であることから、消火栓は1号であると判断する。

【2】正解

> 1. ピトーゲージ
> 2. イ

放水量を求める計算式は、上巻　第5章 ② 「4．放水性能とその点検要領　▶放水量の算定」348P参照。

【3】正解

> A. 0.17MPa（以上）　　B. 0.7MPa（以下）
> C. 0.25MPa（以上）　　D. 0.7MPa（以下）

放水圧力の範囲は、上巻　第5章 ② 「4．放水性能とその点検要領　▶放水圧力と放水量」347P 参照。

【4】正解

> 1. 噴霧状
> 2. 範囲：0.17（MPa以上）0.7（MPa以下）
> 　　放水量：130（L/min以上）

　図は、消防用ホースのホース結合金具と管そう（ノズル）の間に圧力計付管路媒介金具を取付けたものである。ノズルは棒状のものと噴霧状のものがあるが、図の圧力計付管路媒介金具は、噴霧状で放水するときの放水圧力を測定するためのものである。

　圧力計付管路媒介金具は、次項参照。

5. 測定器具

▶ピトーゲージ

◎使用目的：消火栓のノズルから棒状放水時における放水圧力を測定する。

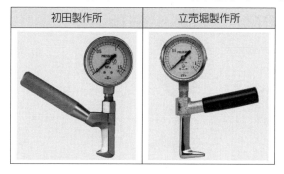

初田製作所	立売堀製作所

▶圧力計付管路媒介金具

◎使用目的：ホース結合金具とノズル間やホース結合金具相互間における動水圧力を測定する。

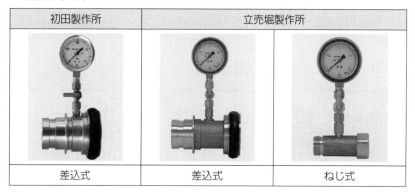

初田製作所	立売堀製作所	
差込式	差込式	ねじ式

▶静水圧力計（水圧検査用スタンドゲージ）

◎使用目的：消火栓の開閉弁や管路末端、ホース末端における静水圧力を測定する。

◎測定時は、ポンプを運転させておく必要がある。なお、「水圧検査用スタンドゲージ」は、立売堀製作所が計器の名称にして使用している。

初田製作所		立売堀製作所
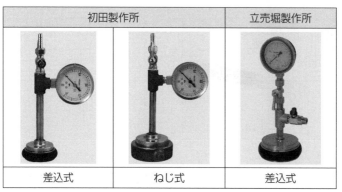		
差込式	ねじ式	差込式

▶放水テスター

◎使用目的：ピトーゲージが組み込まれており、消火栓のホースを接続して放水圧力を測定する。

立売堀製作所	
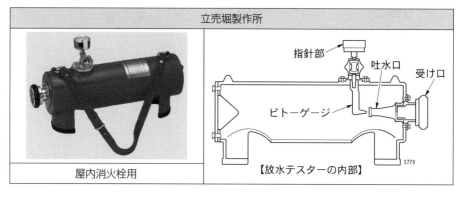	
屋内消火栓用	【放水テスターの内部】

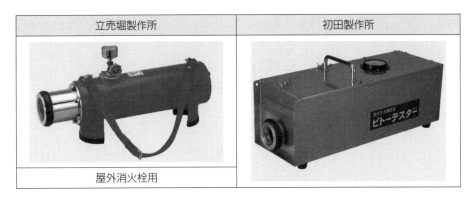

立売堀製作所	初田製作所
屋外消火栓用	

▶ ▶ 過去問題 ◀ ◀

【1】 写真A及びBの器具の名称を答えなさい。[★]

☐　A

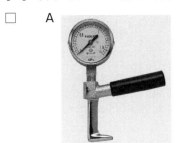

B

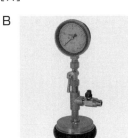

【2】 写真A及びBは、それぞれどの部分のどの圧力を測定するものか答えなさい。

☐　A

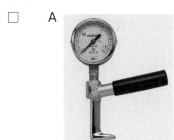

B

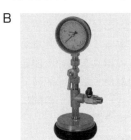

【3】写真に示す器具の名称を答えなさい。また、何に使用するか目的を答えなさい。

☐

【4】写真は、屋内消火栓設備の総合点検時に、放水圧力の測定を行うために用いる器具の一例を示したものである。次の各設問に答えなさい。[★]

☐ 1．この器具の名称を答えなさい。また、この器具で噴霧ノズルの放水圧力を測定することができるか、できないか答えなさい。

2．この器具を用いた測定方法について、次の記述の（ ）に当てはまる語句を語群から選び、記号で答えなさい。

「（A）と（B）の間に「この器具」を結合して放水し、放水時の圧力計の指示値を読む。」

┌─〈語群〉────────────────────────────────┐
　ア．開閉弁　　　　　　イ．逆止弁　　　　　ウ．ホース結合金具
　エ．ノズル　　　　　　オ．仕切弁　　　　　カ．オリフィス
└──────────────────────────────────────┘

【5】写真A～Cは、消火設備の放水圧力の測定に用いる器具である。次の各設問に答えなさい。

A

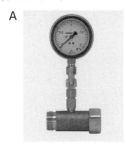

B

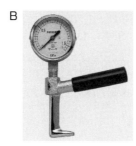

C

☐　1．Aの器具を用いて放水圧力を測定する場合、どこに設置するか答えなさい。
　　　　[　　]と[　　]の間
　　2．噴霧状に放水したときの圧力を測定できるものを、A・B・Cからすべて選びなさい。

【6】写真は、屋内消火栓設備の総合点検時に、放水圧力の測定を行うために用いる器具の一例を示したものである。次の各設問に答えなさい。

☐　1．この器具の名称を答えなさい。
　　2．この器具を用いた使用目的を答えなさい。

【1】正解

> Ａ：ピトーゲージ　　Ｂ：静水圧力計

【2】正解

> Ａ：消火栓におけるノズルの放水圧力を測定するもの。
> Ｂ：消火栓におけるホース末端の静水圧力を測定するもの。

　　Ｂは、［開閉弁］［管路末端］［ホース末端］のいずれかを選択する。

【3】正解

> 名称：静水圧力計
> 使用目的：消火栓の開閉弁等における静水圧力を測定する。

　　差込式とねじ込があるが、設問の写真は差込式である。

【4】正解

> 1．名称：圧力計付管路媒介金具
> 　　噴霧ノズルの放水圧力を測定できる。
> 2．Ａ…ウ（ホース結合金具）　　Ｂ…エ（ノズル）

　　屋内消火栓設備の総合点検では、放水圧力の点検方法を次のように定めている。

▶**棒状放水の測定**は、放水時のノズル先端から口径の２分の１離れた位置で、かつ、ピトー管先端の中心線と放水流が一致する位置にピトー管の先端がくるようにして、圧力計の指示値を読む。

▶ピトー管により測定できないもの又は**噴霧ノズル放水の測定**にあっては、**ホース結合金具とノズルの間に圧力計を取り付けた管路媒介金具を結合**して放水し、放水時の圧力計の指示値を読む。なお、棒状・噴霧併用ノズルの場合は、棒状放水状態で測定する。

【5】正解

> 1．［ホース結合金具］と［ノズル］の間
> 2．Ａ、Ｃ

　　Ａは、圧力計付管路媒介金具（ねじ式）である。Ｃの差込式とは、結合方式が異なるだけで、機能は同じである。
　　Ｂのピトーゲージは、棒状放水の時の放水圧力を測定できるが、噴霧状の放水時の放水圧力は測定できない。

【6】正解

> 1．名称：放水テスター
> 2．使用目的：消火栓のホースを接続して放水圧力を測定する。

　　写真は、立売堀製作所の放水テスター（屋内消火栓用）である。

▶▶ 過去問題 ◀◀

【1】次の文は、図に示す屋内消火栓設備の加圧送水装置のポンプ性能試験について述べたものである。（ ）に当てはまる語句を語群から選び、記号で答えなさい。（同じ記号を何度使ってもよい。）[★]

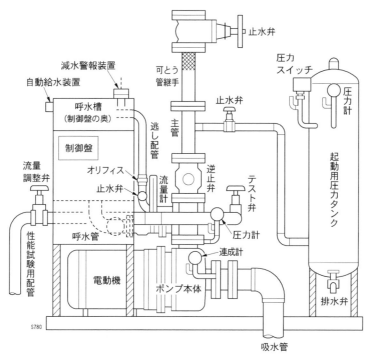

□　1．制御盤の起動用スイッチによりポンプを起動させ、（①）運転時の（②）圧力、定格負荷運転時の吐出圧力、（③）及び電流値を測定する。

　　2．外部起動信号によりポンプが自動起動し、外部起動信号を解除したとき、ポンプの運転が（④）されることを確認する。

〈語群〉
ア．操作	イ．電圧	ウ．停止	エ．圧力
オ．開放	カ．締切	キ．起動	ク．過負荷
ケ．継続	コ．自動停止	サ．負荷	シ．抵抗

［編集部からの注意］
　この設問で示されていた図は、起動用圧力タンクや逆止弁、主管、可とう管継手、止水弁の部分が記載されていなかった。

131

【2】図は消火設備でポンプ周辺に設けられた機器と配管の一部を示したものである。次の各設問に答えなさい。

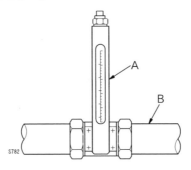

- □　1．矢印Aで示す機器の名称を答えなさい。
　　2．矢印Aの機器が取り付けられている矢印Bで示す配管は、どのようなときに水を流すか答えなさい。

【3】図はポンプを用いる加圧送水装置の構造図の一部を示したものであり、下の文はそのポンプ性能試験についての記述である。文中の（ア）〜（エ）に当てはまる機器の名称を記入し、それぞれが図中A〜Fのどこに該当するか記号を答えなさい。

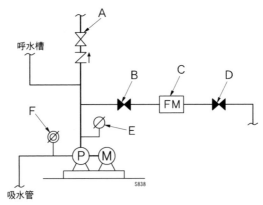

①ポンプ吐出側の（ア）を閉じる。
②制御盤の手動スイッチの操作によりポンプを起動する。
③（イ）を徐々に開放し全開にする。
④流量計でポンプの定格流量になるよう（ウ）を徐々に開放する。
⑤直示型流量計の目盛から流量を確認する。
⑥ポンプの（エ）により吸込み圧力、圧力計により吐出圧力を確認する。

⑦電流計により電流値、電圧計により電圧値を確認する。

⑧④～⑦の数値から、ポンプ及び電動機の特性表に適合しているか確認する。

⑨（イ）及び（ウ）を閉じ、制御盤の停止スイッチでポンプを停止する。

⑩ポンプ吐出側の（ア）を開放する。

▶▶**正解&解説**……………………………………………………………………

上巻　第5章 ① 「5．ポンプ性能試験」288P 参照。

【1】正解

1. ①カ（締切）　　②カ（締切）　　③イ（電圧）
2. ④ケ（継続）

　屋内消火栓設備の試験基準は、［外観試験］と［機能試験］に分かれている。機能試験のうちのポンプ性能試験は次のように定められている。

▶**ポンプ締切運転時の状況**…ポンプ吐出側の止水弁を閉止し、締切揚程、電圧及び電流を測定する。

▶**ポンプ定格負荷運転時の状況**…ポンプが定格運転になるように調整し、吐出揚程、電圧及び電流を測定する。

2．ポンプが外部起動信号により自動起動した場合は、外部起動信号が解除されても、ポンプは運転を継続しなくてはならない。ポンプを停止させるには、制御盤の操作部を直接操作しなくてはならない。

【2】正解

1. 名称：流量計
2. ポンプの性能試験時

　Bは、ポンプの性能試験用配管である。

　ポンプ性能試験は、テスト弁を全開後、流量調整弁を徐々に開放してポンプ吐出流量を定格吐出量にする。この状態（定格負荷運転）で各種数値を読み取る。

［右の写真はテラルの流量計］

【3】正解

ア．止水弁	記号A
イ．テスト弁	記号B
ウ．流量調整弁	記号D
エ．連成計	記号F

7. 点検票

【1】表は屋内消火栓設備の点検票の一部を示したものである。消火栓箱の点検結果は次のとおりであった。点検票のA～Dに当てはまる語句及び記号を答えなさい。

□ 別記様式第2

S731

屋内消火栓設備点検票

点 検 項 目			点 検 結 果			措 置 内 容
			種別・容量等の内容	判 定	不 良 内 容	
屋内消火栓箱等	消火栓箱	周 囲 の 状 況	1号 1F～5F×3	A	3F北側操作障害	B
		外　　　形	C	D		
		表　　　示	図及び説明	⊗	はがれ落下	取り付け(6/20)

<点検結果>

1. 1号消火栓が1階から5階までの各階に3個設置してあった。

2. 3階北側の消火栓箱前に操作障害となる机があったため、6月20日に除去した。

3. 埋込型が15個あり、すべて外形に異常は認められなかった。

4. 操作方法等の表示（図及び説明）がはがれて落下したため、6月20日に取り付けた。

▶▶正解＆解説‥‥‥‥‥‥‥‥‥‥‥‥‥‥‥‥‥‥‥‥‥‥‥‥‥‥‥‥‥‥‥‥‥‥‥‥‥‥

【1】正解

```
A：⊗
B：机除去（6/20）
C：埋込型×15
D：○
```

屋内消火栓設備の **「点検票の記載要領」** によると、消火栓箱の記載要領及び記載例などは次のとおり。

［記載要領］

　5．屋内消火栓箱等

　　（1）消火栓箱

　　　　ア．周囲の状況：設置個数を各階ごとに記入する。ただし、系統図を添付した
　　　　　　場合はこの限りでない。

　　　　イ．外形：埋込・露出の別及び各々の個数を記入する。

　　　　ウ．表示：操作方法等の表示（図・文）が記入してあるか確認する。

［記載要領による記載例］

消火栓箱	周囲の状況	1号 B₁×2　1F～5F×3 2号　1F～2F×2	⊗	3F北側 操作障害	机除去（0.00）
	外　　形	**埋込型×19　露出×2**	○		
	表　　示	**説明図**	○		

S731

［点検票の備考］

　　1　この用紙の大きさは、日本産業規格Ａ4とすること。

　　2　種別・容量等の内容欄は、該当するものについて記入すること。

　　3　判定欄は、正常の場合は○印、不良の場合は×印を記入し、不良内容欄にその内容
　　　を記入すること。

　　4　選択肢のある欄は、該当事項に○印を付すこと。

　　5　措置内容欄には、点検の際措置した内容を記入すること。

Ａ．点検の結果、不良の場合は［×］印を判定欄に記入する。その後の措置内容により
　　正常となった場合は、×印の上に［○］印を上書きする。
　　　このため、判定欄の記載は［⊗］となる。

Ｂ．「点検票の記載要領」で示されている記載例の「机除去（0.00）」及び設問で示され
　　ている点検票の措置内容「取り付け（6/20）」から、［机除去（6/20）］とする。

Ｃ．屋内消火栓は、壁への埋込型と、壁に接する露出型がある。「点検票の記載要領」
　　で示されている記載例の「埋込型×19　露出×2」から、［埋込型×15］とする。

Ｄ．設問の点検結果から「すべて外形に異常が認められなかった」ことから、判定欄は
　　［○］印とする。

1. 地下式消火栓

▶▶ 過去問題 ◀◀

【1】図は、屋外消火栓の一例を示したものである。次の各設問に答えなさい。

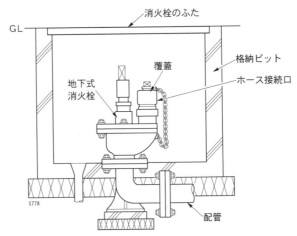

□　1．この屋外消火栓を設置する場合、ホース接続口の位置は、地盤面から何m
　　　以内の深さに設けなければならないか答えなさい。

　　2．法令上、原則としてこの屋外消火栓からの歩行距離が 5 m 以内の箇所に設
　　　けることとされているものは何か答えなさい。

▶▶ 正解 & 解説 ··

【1】正解

> 1．0.3m以内
> 2．屋外消火栓箱

上巻　第 5 章 ③「2．技術基準」355P 参照。

▷参考：地下式及び地上式消火栓の開閉弁の位置は、地盤面から 0.6m 以内の深さに設
　　　ける。屋外消火栓箱は、その表面に「ホース格納箱」と表示する。

2．放水圧力の測定

▶▶過去問題◀◀

【1】 下の写真は、消防法施行令第19条に定める屋外消火栓設備の放水試験の一例を示したものである。次の各設問に答えなさい。

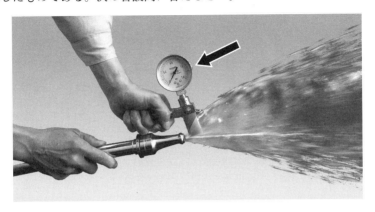

□ 1．矢印で示す測定器具の名称を答えなさい。
2．次のA及びBについて、法令で定められている数値を答えなさい。
　　　〔放水圧力　　A　以上〕
　　　〔放 水 量　　B　以上〕

▶▶正解＆解説‥‥‥‥‥‥‥‥‥‥‥‥‥‥‥‥‥‥‥‥‥‥‥‥‥‥‥‥‥‥‥‥‥‥‥

【1】正解

1．ピトーゲージ
2．A：0.25MPa（以上）
　　B：350L/min（以上）

　放水圧力は、0.25MPa 以上 0.6MPa 以下。
　屋外消火栓設備の放水性能は、上巻　第5章　③「2．技術基準　▶放水性能」359P
参照。

1. スプリンクラーヘッド類

閉鎖型スプリンクラーヘッド（例）		閉鎖型スプリンクラーヘッド（ヤマトプロテック）	
		高感度型	2種
フレーム型（下向型）	フレーム型（上向型）	マルチ型	マルチ型

▷**注意**：フレーム型は、デフレクターの形状で上向型と下向型がある。平面的な形状は下
向型、端部に「返し」があるものは上向型となる。

閉鎖型スプリンクラーヘッド（ヤマトプロテック）		閉鎖型スプリンクラーヘッド（例）	
高感度型	小区画型	2種	高感度型
埋込型（フラッシュ型）	埋込型（フラッシュ型）	埋込型（フラッシュ型）	コンシールド型

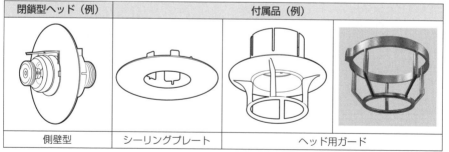

閉鎖型ヘッド（例）	付属品（例）		
側壁型	シーリングプレート	ヘッド用ガード	

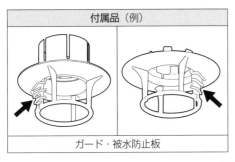

付属品（例）
ガード・被水防止板

▷解説：被水防止板は、小区画型ヘッドや水道連結型ヘッドにおいて、スプリンクラーヘッド用ガードとセットで使用する（ガードに取り付けるようになっている）。被水防止板は隣接して取り付けるヘッド間の距離が規定以下である場合、先に開放したヘッドからの被水による不作動を防止するためのものである。

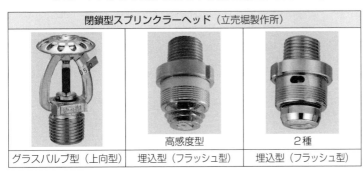

閉鎖型スプリンクラーヘッド（立売堀製作所）		
	高感度型	2種
グラスバルブ型（上向型）	埋込型（フラッシュ型）	埋込型（フラッシュ型）

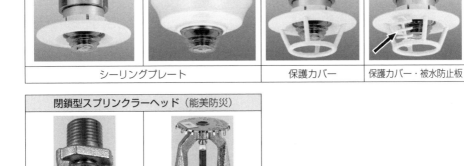

付属品（立売堀製作所）			
シーリングプレート		保護カバー	保護カバー・被水防止板

閉鎖型スプリンクラーヘッド（能美防災）	
グラスバルブ型（下向型）	グラスバルブ型（上向型）

開放型スプリンクラーヘッド（例）			

フレーム型／左：下向型／右：上向型		マルチ型	側壁型

開放型スプリンクラーヘッド（能美防災）	

フレーム型／左：下向型／右：上向型	

放水型ヘッド（ホーチキ）			
		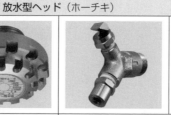	
固定式（天井型）		固定式（側壁型）	

放水型ヘッド（ホーチキ）		

固定式（側壁型）		可動式

放水型ヘッド（ヤマトプロテック）			

固定式ヘッド（天井型）		固定式ヘッド（側壁型）	

放水型ヘッド
（ヤマトプロテック）

固定式ヘッド（側壁型）

▶ ▶ 過去問題 ◀ ◀

【1】 図は、閉鎖型（標準型）スプリンクラーヘッドの構造を示したものである。
矢印A～Dで示す各部の名称を語群から選び、記号で答えなさい。［★］

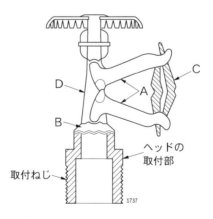

〈語群〉
ア．デフレクター	イ．オリフィス	ウ．レバー
エ．支点	オ．集熱板	カ．フレーム
キ．バルブキャップ	ク．メタルガスケット	
ケ．ヒュージブルリンク	コ．グラスバルブ	

【2】 下の写真はスプリンクラー設備に使用されているヘッドの一例を示したものである。次の各設問に答えなさい。[編]

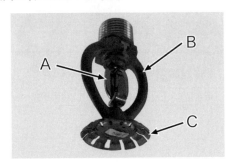

□ 1．このヘッドの種類を答えなさい。
　 2．矢印A及びBで示す部分の名称を答えなさい。
　 3．矢印Cで示す部分の働きについて簡記しなさい。
　 4．矢印Aで示す部分の機能を簡記しなさい。

【3】 下の写真は、閉鎖型スプリンクラーヘッドの一例を示したものである。以下の各設問に答えなさい。

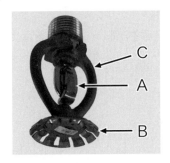

□ 1．矢印A・Bで示す部分の名称を答えなさい。
　 2．スプリンクラーヘッドには、規格省令上、矢印Cで示す部分等に色別を表示しなければならないが、その表示は何を示しているか答えなさい。

【4】写真及び図A〜Dは、消火設備に使用されるスプリンクラーヘッドを示した
ものである。次の各設問に答えなさい。

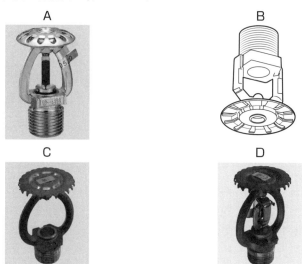

A

B

C

D

□　1．ヒュージブルリンクを用いるものを選び、記号で答えなさい。
　　2．グラスバルブを用いるものを選び、記号で答えなさい。

【5】写真及び図A〜Dは、スプリンクラーヘッドのうち、消防法令上の閉鎖型ヘ
　　ッド、開放型ヘッド及び放水型ヘッド等の一例を示す。それぞれのヘッド部の種
　　類（閉鎖型ヘッド・開放型ヘッド・放水型ヘッド）を答えなさい。[★]

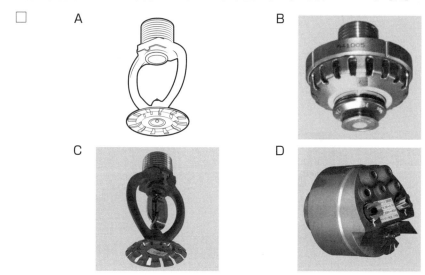

□　A

B

C

D

【6】写真は、消火設備の構成部品を示したものである。これらについて、文中の
（　）に当てはまる語句を答えなさい。[★]

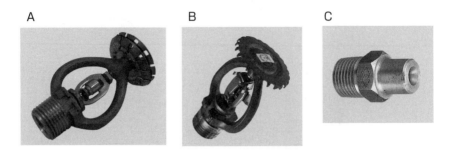

A　　　　　　　　　　　B　　　　　　　　　　　C

□　1．写真Aは、（①）向型の閉鎖型スプリンクラーヘッドである。
　　2．写真Bは、（②）向型の（③）型スプリンクラーヘッドである。
　　3．写真Cは、（④）である。

【7】写真及び図A〜Dは、スプリンクラーヘッドのうち、消防法令上の閉鎖型ヘ
　　ッド、開放型ヘッド、放水型ヘッド等の一例及び種類を示したものである。ヘッ
　　ドの種類が誤っているものを2つ選び、その記号及び正しい種類を答えなさい。

[★]

□　A

開放型ヘッド

B

放水型ヘッド等

C

閉鎖型ヘッド

D

閉鎖型ヘッド

【8】 写真及び図A〜Dは、消火設備に使用されるヘッドを示したものである。それぞれのヘッドの名称を語群から選び、記号で答えなさい。

☐

A

B

C

D

〈語群〉

ア．閉鎖型スプリンクラーヘッド（上向き）

イ．閉鎖型スプリンクラーヘッド（下向き）

ウ．開放型スプリンクラーヘッド（上向き）

エ．開放型スプリンクラーヘッド（下向き）

オ．噴霧ヘッド

【9】写真及び図A〜Dは、消火設備に使用される機器の一例である。各機器の名称を語群から選び記号で答えなさい。また、検定対象機械器具等に該当するものに○印を、該当しないものには×印を記入しなさい。

A

B

C

D

〈語群〉

ア．閉鎖型スプリンクラーヘッド　　イ．開放型スプリンクラーヘッド
ウ．噴霧ヘッド　　　　　　　　　　エ．側壁型スプリンクラーヘッド
オ．一斉開放弁　　　　　　　　　　カ．消火栓開閉弁
キ．流水検知装置　　　　　　　　　ク．止水弁
ケ．逆止弁　　　　　　　　　　　　コ．自動警報弁
サ．手動式開放弁

【10】次の写真は、高天井部分に設けるスプリンクラー設備について、ヘッドの一
例を示したものである。次の各設問に答えなさい。

□ 1．このヘッドの種類を答えなさい。
　　2．このヘッドを設置する場合、床面から天井までの高さが何mを超える部分
　　　に設けることとされているか、それぞれ答えなさい。
　　　・指定可燃物を貯蔵し、又は取扱う倉庫…（ア）mを超える部分
　　　・物品販売店舗の売場…（イ）mを超える部分
　　　・地下街にある店舗…（ウ）mを超える部分
　　　・体育館…（エ）mを超える部分

【11】写真及び図A〜Cは、スプリンクラーヘッドに使用される部品の一例である。
　　各部品の名称と使用目的を答えなさい。

□　　　　　　A　　　　　　　　　B　　　　　　　　　C
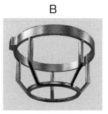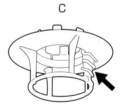

▶▶正解＆解説‥‥‥‥‥‥‥‥‥‥‥‥‥‥‥‥‥‥‥‥‥‥‥‥‥‥‥‥‥‥‥‥‥‥
※詳細は、上巻　第5章 ④［スプリンクラー設備］362P 〜 415P、
　下巻（本書）　第7章 ③［スプリンクラー設備］46P 〜 80P 参照。
【1】正解

```
A：ウ（レバー）
B：キ（バルブキャップ）
C：ケ（ヒュージブルリンク）
D：カ（フレーム）
```

　　図は、閉鎖型／ヒュージブルリンク型／フレーム型。

【2】正解

1. 閉鎖型スプリンクラーヘッド（フレーム型、下向型）
2. Aの名称：ヒュージブルリンク（感熱体）　　Bの名称：フレーム
3. Cの働き：放水口から流出する水流を細分させる作用を行う。
4. Aの機能：一定温度に達すると融解して放水口を開放する。

3＆4．閉鎖型ヘッドの技術上の規格を定める省令では、用語を次のように定義している。

　　デフレクター（図のC）…放水口から流出する水流を細分させる作用を行うもの。

　　ヒュージブルリンク（図のA）…易融性金属により融着され、又は易融性物質により組み立てられた感熱体。

　　感熱体…火熱により一定温度に達するとヘッドを作動させるために破壊又は変形を生ずるもの。

【3】正解

1. A：ヒュージブルリンク（感熱体）
　　B：デフレクター
2. 標示温度

2．標示温度は、ヘッドが作動する温度として、あらかじめヘッドに表示された温度をいう。ヘッドには、標示温度の区分ごとの色を、その見やすい箇所に容易に消えないように表示しなければならない。詳細は、第7章　③「1．閉鎖型スプリンクラーヘッド　標示温度の区分」65P参照。

【4】正解

1. D
2. A

　　A：グラスバルブを用いているフレーム型スプリンクラーヘッド（上向型）
　　B：連結散水設備に使われる開放型散水ヘッド（下向型）
　　C：開放型スプリンクラーヘッド（上向型）
　　D：ヒュージブルリンクを用いているフレーム型スプリンクラーヘッド（上向型）

【5】正解

A：開放型ヘッド　　　　B：閉鎖型ヘッド
C：閉鎖型ヘッド　　　　D：放水型ヘッド

　　Bは、ヤマトプロテックの閉鎖型ヘッドで、マルチ型・高感度型である。

　　Dは、ヤマトプロテックの放水型ヘッドで、固定式・側壁型である。ただし、この問題は複数回出題されており、Dの写真がホーチキ（右）の放水型で、固定式・側壁型のものもある。

【6】正解

----
1. ①：下（向型）
2. ②：上（向型）　　③：閉鎖（型）
3. ④：噴霧ヘッド

　Aは、デフレクターの形状から下向型の閉鎖型スプリンクラーヘッドである。フレーム型は、デフレクターの形状で上向型と下向型を識別する必要がある。平面的な形状は下向型、端部に「返し」があるものは上向型となる。

　実際に試験に出題された写真Aは、デフレクターが2枚で構成されていた。編集部で2枚デフレクターのものを探したが、現在は古い型となり一般流通品がなく入手が困難であったため、2枚デフレクターの写真を合成した（編集部）。

　Bは、デフレクターの形状から上向型の閉鎖型スプリンクラーヘッドである。

　Cは、水噴霧消火設備の噴霧ヘッドである。

【7】正解

記号：B　　正しい種類：閉鎖型ヘッド
記号：D　　正しい種類：放水型ヘッド

　Bは、ヤマトプロテックの閉鎖型ヘッドで、マルチ型・高感度型である。

　Dは、ヤマトプロテックの放水型ヘッドで、固定式・側壁型である。

【8】正解

A：イ　閉鎖型スプリンクラーヘッド（下向き）
B：オ　噴霧ヘッド
C：エ　開放型スプリンクラーヘッド（下向き）
D：ア　閉鎖型スプリンクラーヘッド（上向き）

　Aは、埋込型（フラッシュ型）の閉鎖型スプリンクラーヘッド（下向き）で、デザインを良くするためのシーリングプレートを装着している。

　Bは、水噴霧消火設備の噴霧ヘッドである。

　Cは、フレーム型の開放型スプリンクラーヘッド（下向き）である。

　Dは、フレーム型の閉鎖型スプリンクラーヘッド（上向き）である。フレーム型は、デフレクターの形状で上向きと下向きを識別する必要がある。平面的な形状は下向き、端部に「返し」があるものは上向きとなる。

【9】正解

A：ア　閉鎖型スプリンクラーヘッド：○
B：カ　消火栓開閉弁：×
C：オ　一斉開放弁：○
D：イ　開放型スプリンクラーヘッド：×

　　検定対象機器具等は、上巻　第1章「20．検定制度」85P参照。閉鎖型スプリンクラーヘッド、流水検知装置、一斉開放弁が検定対象機械器具等に該当する。

　　Aは、フレーム型の閉鎖型スプリンクラーヘッド（下向き）である。

　　Bは、差込式の消火栓開閉弁で、減圧機構を有している。

　　Cは、減圧開放式の一斉開放弁である。一斉開放弁は、開放型スプリンクラー設備の他、放水型スプリンクラー設備や水噴霧消火設備に使われている。一斉開放弁の減圧開放式と加圧開放式は、上部に感知ライン接続部があるものが減圧開放式、キャップがあるものが加圧開放式となる。なお、「感知ライン接続部」及び「キャップ」はメーカーにより名称が異なっている場合がある。4「8．一斉開放弁」167P参照。

　　Dは、フレーム型の開放型スプリンクラーヘッド（下向き）である。

【10】正解

　1．放水型ヘッド（固定式）
　2．ア［6］mを超える部分
　　　イ［6］mを超える部分
　　　ウ［6］mを超える部分
　　　エ［10］mを超える部分

　　上巻　第5章4「9．放水型ヘッド等を用いるスプリンクラー設備」383P参照。

　1．設問の写真はホーチキの固定式ヘッドである。

【11】正解

　A．名称：シーリングプレート
　　　使用目的：天井の取付部分のデザインを良くする
　B．名称：ヘッド用ガード
　　　使用目的：物や人が直接ぶつからないようにヘッドを保護する
　C．名称：被水防止板
　　　使用目的：先に開放した隣接ヘッドから被水を受けないようする

2. 標準型ヘッドの設置基準

【1】 図は、天井面に閉鎖型（標準型）スプリンクラーヘッドを取り付ける場合の一例を示したものである。次の各設問に答えなさい。[★]

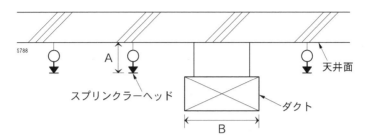

1. 図中のAの距離は、何 m 以下としなければならないか答えなさい。
2. 図中のBで示すダクトの底面にヘッドを設けなければならないのは、ダクトの幅が何 m を超える場合か答えなさい。

▶ ▶ 正解 & 解説 ···

【1】 正解

1. A：0.3（m以下）
2. B：1.2（mを超える場合）

上巻　第2章 ④「4. 標準型ヘッドの設置基準」122P参照。

3. 共同住宅用スプリンクラー設備

▶▶過去問題◀◀

【1】図は、共同住宅用スプリンクラー設備の設置例である。次の各設問に答えなさい。

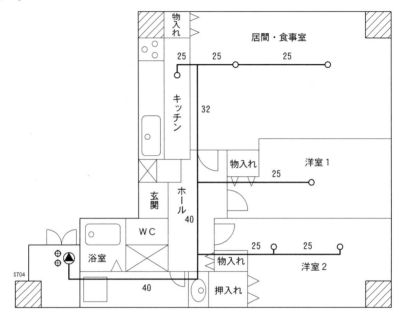

□ 1. この設備に用いられるスプリンクラーヘッドの種別として適当なものを選び、解答欄を○で囲みなさい。

[解答欄：小区画型ヘッド・側壁型ヘッド・放水型ヘッド]

2. この設備に用いられるスプリンクラーヘッドの感度種別を答えなさい。

3. この設備に用いられるスプリンクラーヘッドは、天井の各部分から一のスプリンクラーヘッドまでの水平距離が何m以下としなければならないか。また、一のスプリンクラーヘッドの防護面積は何m²以下としなければならないか答えなさい。

▶▶正解&解説‥‥‥‥‥‥‥‥‥‥‥‥‥‥‥‥‥‥‥‥‥‥‥‥‥‥‥‥‥‥‥‥

【1】正解

1. 小区画型ヘッド
2. 1種
3. 水平距離：2.6m以下　　防護面積：13m²以下

上巻　第2章 ④ 「3. 閉鎖型ヘッドの水平距離　まとめ」120P参照。

152

4. スプリンクラー設備の種類

▶▶ 過去問題 ◀◀

【1】図A～Dはスプリンクラー設備の概略を示したものである。これらのうち、手動式の起動装置を設置する必要があるものを2つ選び、記号で答えなさい。

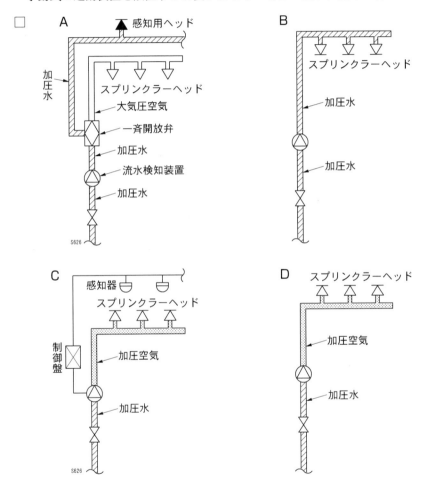

【2】図A～D（【1】と同じ）はスプリンクラー設備の概略を示したものである。政令別表第1（1）項に掲げる防火対象物の舞台部に設けるスプリンクラーヘッドを選び、その記号及びヘッドの種類（感知用ヘッドを除く。）を答えなさい。

【3】図A〜Dは、スプリンクラー設備の概略を示したものである。次の各設問に答えなさい。[★]

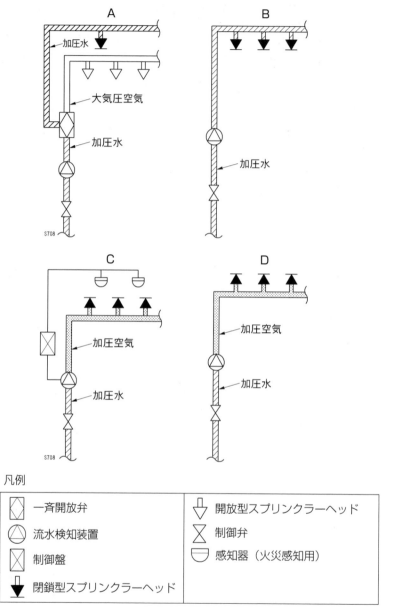

凡例

◇	一斉開放弁	▽	開放型スプリンクラーヘッド
◉	流水検知装置	⊠	制御弁
⊠	制御盤	⏝	感知器（火災感知用）
▼	閉鎖型スプリンクラーヘッド		

☐ 1．予作動式流水検知装置を使用しているものをすべて選び、記号で答えなさい。

2．湿式流水検知装置を使用しているものをすべて選び、記号で答えなさい。

154

▶▶正解＆解説･･

【1】正解

> A＆C

　Aは、減圧開放式の一斉開放弁を用いた開放型スプリンクラー設備である。手動式の起動装置として、一斉開放弁を開放する手動式開放弁が設置されている。

　加圧開放式の一斉開放弁を用いた開放型スプリンクラー設備の概略図は右のとおりとなる。感知器からの信号により、制御盤は電磁弁を開く。このため、一斉開放弁に加圧水が送り込まれて弁を開放する。電磁弁のとなりにあるのが手動式開放弁である。

　Bは、湿式流水検知装置を用いた閉鎖型スプリンクラー設備である。

　Cは、予作動式流水検知装置を用いた閉鎖型スプリンクラー設備である。手動式の起動装置として、火災感知装置が作動しなかった場合のために、手動式の開放装置が設置されている。

　Dは、乾式流水検知装置を用いた閉鎖型スプリンクラー設備である。

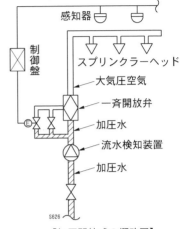

【加圧開放式の概略図】

【2】正解

> 記号：A
> ヘッドの種類：開放型スプリンクラーヘッド

政令別表第1（1）項に掲げる防火対象物は、〔劇場、映画館、演芸場、観覧場〕である。
　　A：開放型スプリンクラー設備（湿式流水検知装置）…劇場の舞台部に設置／開放型スプリンクラーヘッドを使用
　　B：閉鎖型スプリンクラー設備（湿式流水検知装置）…一般的に設置される…閉鎖型スプリンクラーヘッドを使用
　　C：閉鎖型スプリンクラー設備（予作動式流水検知装置）…水害被害が懸念される場合に設置…閉鎖型スプリンクラーヘッドを使用
　　D：閉鎖型スプリンクラー設備（乾式流水検知装置）…寒冷地に設置…閉鎖型スプリンクラーヘッドを使用

【3】正解

　A：減圧開放式の一斉開放弁を用いた開放型スプリンクラー設備である。流水検知装置は、湿式を使用している。

　B：湿式流水検知装置を用いた閉鎖型スプリンクラー設備である。

　C：予作動式流水検知装置を用いた閉鎖型スプリンクラー設備である。

　D：乾式流水検知装置を用いた閉鎖型スプリンクラー設備である。

　閉鎖型スプリンクラーヘッドの記号では、記号の三角形部分の中が白色のものと黒色のものがある。両方の違いはない。（一財）日本消防設備安全センターの「消防用設備等基本テキスト　消火設備」では、中が白色の記号を使用している。一方、（一社）日本消火装置工業会の「スプリンクラー設備　設計・工事基準書」では、中が黒色の記号を使用している。試験では、中が白色のものと黒色のものが混在している。閉鎖型ヘッドを書き込む必要がある場合は、設問で示されている記号を使用する。

5. 自動警報装置

〔流水検知装置〕

ニッタン

作動弁型湿式流水検知装置

ヤマトプロテック
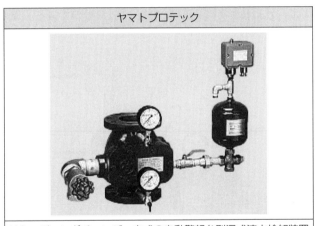
リターディングチャンバー方式の自動警報弁型湿式流水検知装置

乾式流水検知装置（イメージ）
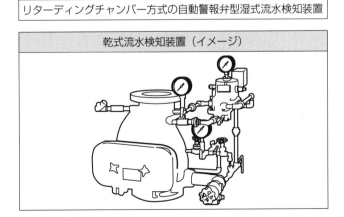

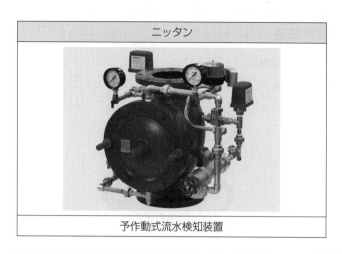

ニッタン

予作動式流水検知装置

【1】下の写真は、湿式流水検知装置の一例を示したものである。以下の各設問に
答えなさい。

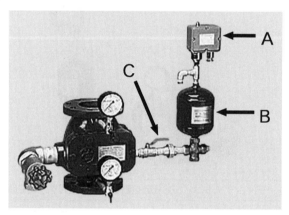

A

C

B

☐ 1．矢印A・Bで示す名称を答えなさい。
2．矢印Cの弁を常時開放しておかなければならない理由を、簡潔に答えなさ
い。

【2】写真Aと図B及び図Cは、消火設備に用いられる流水検知装置の一例を示したものである。次の各設問に答えなさい。[★]

A

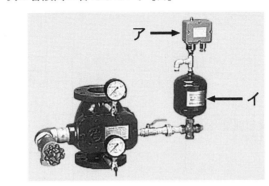

B

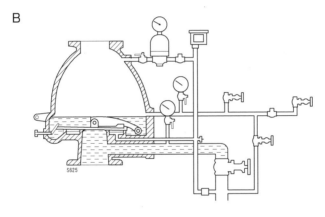

C

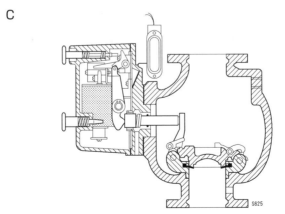

□　1．写真Aにおいて、矢印ア及び矢印イの機器の名称を答えなさい。

　　2．図B及び図Cの流水検知装置の種類をそれぞれ答えなさい。

【3】流水検知装置に関する次の各設問に答えなさい。

☐ 1. 流水検知装置の種類を示した図中の①～③に当てはまる語句をア～クから
選び、記号で答えなさい。

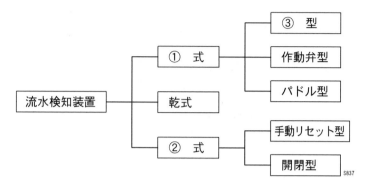

〈語群〉
ア. 一斉開放弁　　イ. 自動警報弁　　ウ. 電磁弁　　エ. 予作動
オ. 自動　　　　　カ. 手動　　　　　キ. 湿　　　　ク. 水流

2. パドル型流水検知装置の断面図を次のA～Cから選び記号で答えなさい。

A
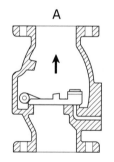

B
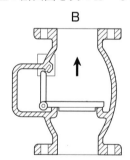

C
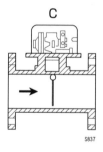

160

▶▶**正解＆解説**‥‥‥‥‥‥‥‥‥‥‥‥‥‥‥‥‥‥‥‥‥‥‥‥‥‥‥‥‥‥‥‥‥‥‥‥‥‥‥

※詳細は、上巻　第5章 ④ 「11. 流水検知装置」387P 参照。

【1】正解

> 1．A：圧力スイッチ
>   B：リターディングチャンバー
> 2．理由：リターディングチャンバーへの警報水流を開いておくため

　写真は、ヤマトプロテックのリターディングチャンバー方式の自動警報弁型湿式流水検知装置である。

　自動警報装置であるウォーターモーターゴングは、作動時におけるリターディングチャンバー側への警報水流を利用して、機械的な方式で警報音を発する装置である。警報水流が流れ込むとインペラ（水車）が回転し、それによってドライブシャフトと連動しているストライカアームも回転し、ゴングを打ち続ける。

　設問Cの弁は「信号停止弁」と呼ばれ、常時開にしておく。メーカーの取扱説明書では、「信号停止弁は、ハンドルを閉止操作すると警報水流が止まり、圧力スイッチからの作動信号の出力を止めることができます。平常時は必ず全開状態にしておきます。」と記載している。

　写真で流水検知装置本体の左側にある弁は、排出弁である。常時閉にしておく。

　なお、流水検知装置本体の下側には、制御弁（常時開）が取り付けられる。

【2】正解

> 1．ア：圧力スイッチ
>   イ：リターディングチャンバー
> 2．図Bの種類：[乾式] 流水検知装置
>   図Cの種類：[予作動式] 流水検知装置

【3】正解

> 1．①：キ（湿）　　②：エ（予作動）　　③：イ（自動警報弁）
> 2．C

　流水検知装置の種類別の内容は、次のとおり（堺市「第4　スプリンクラー設備」より）。

　自動警報弁型…逆止弁前後の圧力差による弁の作動に伴う流水により、信号または警報を発するものをいう。

　作動弁型…逆止弁前後の圧力差による弁の作動を検知し、信号を発するものをいう。

　パドル型…配管内の流水によるパドルの作動を検知し、信号を発するものをいう

　手動リセット型…火災感知器、感知ヘッド等の作動によって弁体が開放するものをいう。

　開閉型…火災感知器、感知ヘッド等の作動によって弁体が開放し、火災感知器の復旧、遠隔操作等により弁体が閉止するものをいう。

6. ウォーターモーターゴング

◎ウォーターモーターゴングは、主としてケース、ノズル、水車等で構成される。自動警報装置における警報装置の一つとして使用され、水車式のゴングである。

◎流水検知装置の作動により、ケース内をスプリンクラーヘッド1個分以上の圧力の流水が通過すると、水車で回転力に変換してゴングを連続してたたく。

▷参考：流水検知装置の一次側に取り付けられているのは、制御弁である。

▷参考：**親子弁**は、1つの弁で異なる機能の弁を有するものを指す。必ずしも一体化したものでなくてもよい。親弁は、流水検知装置自体の整備その他の作業上、弁本体内の水を抜く排水弁（ブローバルブ）である。子弁は、テスト弁の機能を有し、少流量（スプリンクラーヘッド1個分程度）の流水を発生させる。ポンプ起動、警報装置の作動、火災表示灯の機能等の確認ができる。

▶▶ 過去問題 ◀◀

【1】図は、機械的な機構を用いた湿式流水検知装置の一部を示したものである。矢印A～Dで示す機器の名称を答えなさい。

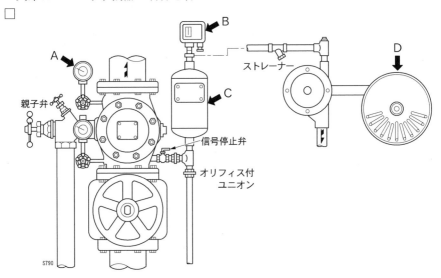

▶▶正解&解説

【1】正解

```
A：圧力計
B：圧力スイッチ
C：リターディングチャンバー
D：ウォーターモーターゴング
```

上巻　第5章 ④「11. 流水検知装置」387P 参照。

162

7. 末端試験弁

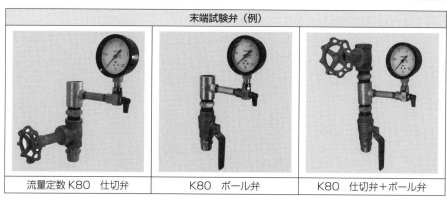

末端試験弁（例）		
流量定数 K80　仕切弁	K80　ボール弁	K80　仕切弁＋ボール弁

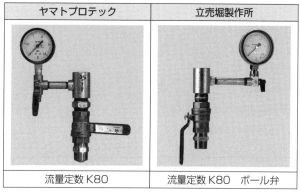

ヤマトプロテック	立売堀製作所
流量定数 K80	流量定数 K80　ボール弁

▶▶過去問題◀◀

【1】写真（図）は、閉鎖型ヘッドを用いたスプリン
クラー設備に設けられた末端試験弁を示す。この
試験弁は、「ある装置」の作動試験を行うために設
けられている。この「ある装置」の名称を2つ答
えなさい。[★]

□

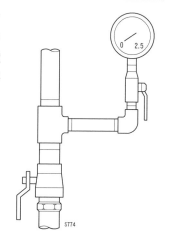

【2】写真（図）は、閉鎖型ヘッドを用いるスプリンクラー設備の流水検知装置又は圧力検知装置が設けられている配管の系統ごとに設置する弁である。この弁に関する次の各設問に答えなさい。［★］

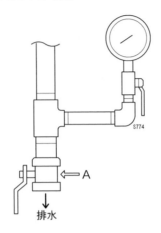

□ 1．矢印Aで示す弁の名称を答えなさい。
　2．この弁の設置目的を答えなさい。
　3．この弁を配管のどの部分に設けるか答えなさい。
　4．この弁の二次側に設ける装置（機器）を答えなさい。

【3】図は、スプリンクラー設備の一部を示したものである。次の各設問に答えなさい。[★]

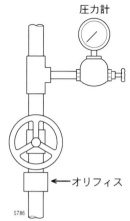

圧力計

←オリフィス

S786

☐ 1．これらの機器を消防法令上、設置することとされている部分はどこか答えなさい。

2．このオリフィスは、消防法令上、ある機器と同等の放水性能を有するものとされているか、その名称を答えなさい。

▶▶正解&解説‥‥‥‥‥‥‥‥‥‥‥‥‥‥‥‥‥‥‥‥‥‥‥‥‥‥‥‥‥‥‥‥

【1】正解

> 「ある装置」の名称：流水検知装置
> 圧力検知装置

閉鎖型スプリンクラーヘッドを用いるスプリンクラー設備の配管の末端には、流水検知装置又は圧力検知装置の作動を試験するための弁（末端試験弁）を設けなくてはならない。

末端試験弁の一次側には圧力計が、二次側にはヘッドと同等の放水性能を有するオリフィスが取り付けられている。

※注意：実際の試験では写真が掲載されていたが、適切なものが用意できなかったため、図を掲載した（編集部）。【2】も同様である。

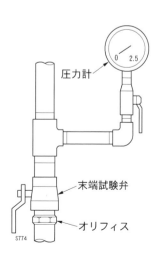

圧力計

末端試験弁

オリフィス

S774

【2】正解

　1．Ａ：末端試験弁
　2．流水検知装置または圧力検知装置の作動を試験する。
　3．配管の末端で、放水圧力が最も低くなると予想される配管の部分
　4．オリフィス

　　3．は、答案スペースが狭くて答案をすべて書き込むことができない場合、「末端」
等が正解と考えられる。下記表内「イ」を参照。

【3】正解

　1．配管の末端で、放水圧力が最も低くなると予想される配管の部分
　2．スプリンクラーヘッド

--- --- --- --- --- --- --- --- --- --- --- --- --- --- --- --- ---

　　1～2．末端試験弁について、次の規定がある。

　　閉鎖型スプリンクラーヘッドを用いるスプリンクラー設備の配管の末端には、流水
　検知装置又は圧力検知装置の作動を試験するための弁（末端試験弁）を次に定めると
　ころにより設けること（規則第14条5の2号）。
　イ．末端試験弁は、流水検知装置又は圧力検知装置の設けられる配管の系統ごとに1
　　個ずつ、放水圧力が最も低くなると予想される配管の部分に設けること。
　ロ．末端試験弁の一次側には圧力計が、二次側にはスプリンクラーヘッドと同等の放
　　水性能を有するオリフィス等の試験用放水口が取り付けられるものであること。

8. 一斉開放弁

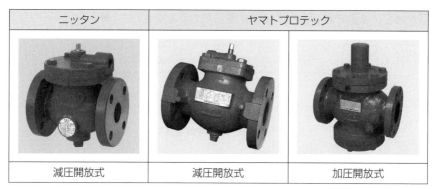

ニッタン	ヤマトプロテック	
減圧開放式	減圧開放式	加圧開放式

▷解説：減圧開放式は本体上部に「感知ライン接続部」が、加圧開放式は上部に「キャップ」がそれぞれが付いている。（メーカーにより呼称は異なる場合がある。）

▶▶過去問題◀◀

【1】下の図は、開放型スプリンクラー設備の系統の一部を示したものである。A～Dに示す弁の、警戒時（平常時）における開閉状態を、開の場合は「○」、閉の場合は「×」で答えなさい。

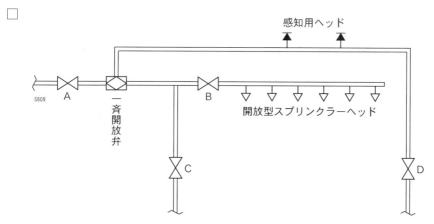

【2】図は、開放型ヘッドを用いるスプリンクラー設備の系統の一部を示したものである。手動起動弁を操作して一斉開放弁の作動を試験する場合の弁A～Dの開閉状態を、それぞれ「開放」又は「閉止」で答えなさい。[★]

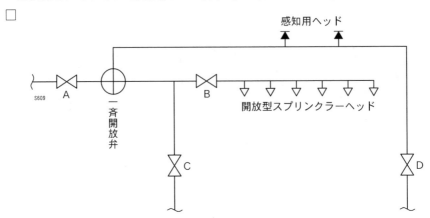

【3】図は、開放型ヘッドを用いたスプリンクラー設備の設置例を示したものである。図中の矢印A及びBで示す部分の名称を答えなさい。また、その機能又は役割を具体的に答えなさい。

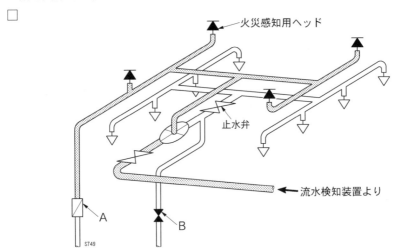

【4】 図は開放型ヘッドを用いるスプリンクラー設備の設置の例を示したものである。図中の矢印A～Dの部分の名称をそれぞれ答えなさい。

□

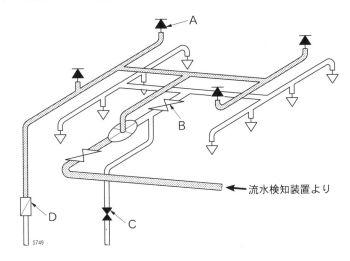

A

B

流水検知装置より

D

C

S749

【5】 写真は、スプリンクラー設備の配管の一部に取り付けられている弁を示したものである。次の各設問に答えなさい。

□ 1. この弁の名称を、次のア～オから選び、記号で答えなさい。

　　ア．逆止弁　　　　　イ．制御弁　　　　ウ．安全弁

　　エ．一斉開放弁　　　オ．自動警報弁

　2. スプリンクラー設備にこの弁を設けるのはどのような場合か、次のア～オから正しいものを選び、記号で答えなさい。

　　ア．開放型スプリンクラーヘッドを設ける場合

　　イ．閉鎖型スプリンクラーヘッドを設ける場合

　　ウ．末端試験弁を設ける場合

　　エ．送水口を設ける場合

　　オ．ヘッドの作動を自動的に確認したい場合

【1】正解

> A（止水弁）：○　　　　B（試験用止水弁）：○
> C（試験用排水弁）：×　　D（手動式開放弁）：×

設問の一斉開放弁は、減圧開放式のものである。警戒時は、次の状態となっている。

[A：○　　B：○　　C：×　　D：×　　一斉開放弁：×]

火災により感知用ヘッド（閉鎖型）が放水すると、一斉開放弁が開いて開放型スプリンクラーヘッドに水を供給する。各弁は次の状態となっている。

[A：○　　B：○　　C：×　　D：×　　一斉開放弁：○]

スプリンクラー設備を試験起動させる時は、各弁を次の状態とする。

[A：○　　B：×　　C：○　　D：○　　一斉開放弁：○]

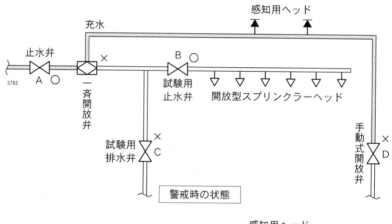

警戒時の状態

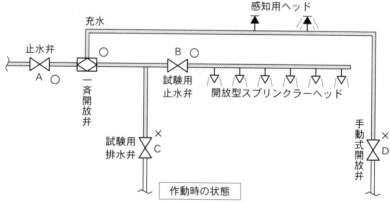

作動時の状態

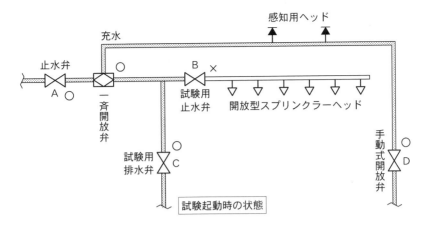

【2】正解

[試験起動時の状態]
A（止水弁）：開放 　　　　　B（試験用止水弁）：閉止
C（試験用排水弁）：開放 　　D（手動式開放弁）：開放

【3】正解

Aの名称：手動式開放弁（手動起動弁）
Bの名称：試験用排水弁
Aの機能又は役割：一斉開放弁を手動で開放する。
Bの機能又は役割：一斉開放弁の開弁機能を試験する。

　図の止水弁（試験用止水弁）を閉じて、試験用排水弁を開けた状態にする。この状態で手動式開放弁を開くと、一斉開放弁が開弁してスプリンクラー設備を試験起動させることができる。

【4】正解

A：火災感知用ヘッド
B：試験用止水弁
C：試験用排水弁
D：手動式開放弁（手動起動弁）

【5】正解

1．エ（一斉開放弁）
2．ア（開放型スプリンクラーヘッドを設ける場合）

　写真は、ニッタンの一斉開放弁（減圧開放式）である。上部に火災感知用ヘッドの配管を接続する。火災感知用ヘッドが作動して配管内が減圧すると、一斉開放弁が開弁する。

【1】下の図は、スプリンクラー設備の送水口の設置例である。次の各設問に答えなさい。

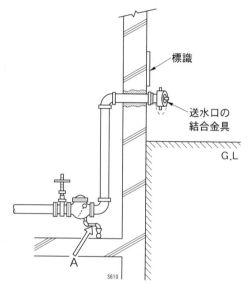

標識

送水口の結合金具

G.L

S610

□ 1. 送水口の結合金具は、地盤面からの高さが何m以上何m以下の位置に設けることとされているか答えなさい。

2. 標識には、スプリンクラー用送水口である旨以外に、何を表示することとされているか答えなさい。

3. 矢印Aで示す弁を設ける理由について、次の文中の（ア）及び（イ）に当てはまる語句を答えなさい。
「（ア）と（イ）の間の配管内の排水のため」

▶▶正解＆解説・・

【1】正解

1. 高さが［0.5］m以上［1］m以下の位置に設ける。
2. 送水圧力範囲
3. ア：送水口　　イ：逆止弁

上巻　第5章 ④「18. 送水口」406P参照。

【1】写真は、スプリンクラー設備の一部を示したものである。次の各設問に答えなさい。

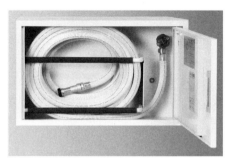

☐ 1．この機器の箱の表面に表示すべき名称を答えなさい。

2．スプリンクラーヘッドが設けられていない部分にこの機器を設ける場合、その階の各部分から一のホース接続口までの水平距離が何m以下となるように設置しなければならないか答えなさい。

[　　m以下]

3．この機器に必要とされるノズル先端の放水圧力を答えなさい。

[　　MPa以上]

▶▶正解＆解説‥‥‥‥‥‥‥‥‥‥‥‥‥‥‥‥‥‥‥‥‥‥‥‥‥‥‥‥‥‥‥‥‥‥‥

【1】正解

1．表示：消火用散水栓
2．15（m以下）
3．0.25（MPa以上）

横型格納品の補助散水栓である。提供は、初田製作所。
上巻　第5章 ④「19. 補助散水栓」409P参照。

11. 配管と弁

▶▶過去問題◀◀

【1】下の写真（図）は、スプリンクラー設備の配管と弁の状況を示したものである。次の各設問に答えなさい。

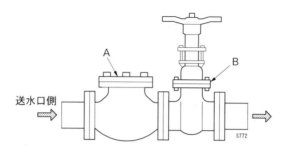

□ 1．矢印で示す弁A・弁Bの名称を答えなさい。
　 2．弁Aが弁Bより送水口側にある理由を、簡潔に答えなさい。

▶▶正解＆解説‥‥‥‥‥‥‥‥‥‥‥‥‥‥‥‥‥‥‥‥‥‥‥‥‥‥‥‥‥‥‥‥‥‥‥‥‥

【1】正解

> 1．A：逆止弁
> 　 B：止水弁
> 2．止水弁で水の逆流を止めて、逆止弁を修理・交換するため。

　一般には、図のように送水口側から逆止弁⇒止水弁の順に配管してある。この状態で止水弁を閉じると、止水弁より高い配管側から水の逆流を防ぐことができる。逆止弁の修理・交換ができるようになる。

　一方、送水口側から止水弁⇒逆止弁の順に配管してあると、止水弁を閉じても逆止弁には高い配管側から水の逆流を受けている。この状態で逆止弁を取り外すと、高い配管側から水が逆流して管内の充水を失うことになる。

1. 噴霧ヘッド

▶▶過去問題◀◀

【1】写真A及びBは、消火設備に用いるヘッドの一例を示している。次の各設問に答えなさい。

A

B

□　1. 噴霧ヘッドはAとBのどちらか、記号で答えなさい。

　　2. 次の文は、水噴霧消火設備及びスプリンクラーヘッドについて述べたものである。（　）に当てはまる語句を語群から選び、記号で答えなさい。

　　　「噴霧ヘッドは、水の（①）流またはら旋回流を（②）させ、かつ、（③）させることにより水を噴霧状するものである。」

┌〈語群〉
│ ア. 波動　　　　イ. 消火　　　　ウ. 冷却　　　　エ. 延焼
│ オ. 発熱　　　　カ. 衝突　　　　キ. 拡散　　　　ク. 放射
│ ケ. 低圧　　　　コ. 曲線　　　　サ. 直線　　　　シ. 高圧
└

【2】写真A～Dのうち、水噴霧消火設備に用いる噴霧ヘッドを2つ選び、記号で答えなさい。

□　　A　　　　　　　　B　　　　　　　　C　　　　　　　　D

▶▶正解＆解説‥‥‥‥‥‥‥‥‥‥‥‥‥‥‥‥‥‥‥‥‥‥‥‥‥‥‥‥‥‥‥‥‥

【1】正解

> 1．A
> 2．①：サ（直線）　②：カ（衝突）　③：キ（拡散）

1．写真Aは、水噴霧消火設備の噴霧ヘッドである。また、写真Bは、能美防災の泡消
　火設備の「フォームウォータースプリンクラーヘッド」である。

2．噴霧ヘッドは、水の［直線］流またはら旋回流を［衝突］させ、かつ、［拡散］さ
　せることにより水を噴霧状にするものである。
　　上巻　第5章　⑤「▶噴霧ヘッド」417P参照。

【2】正解

> A、D

　Aはスパイラル型の噴霧ヘッドである。水のら旋回流を衝突させて拡散し、噴霧状に
する。

　Dはデフレクター型の噴霧ヘッドである。水の直線流をデフレクターに衝突させて拡
散し、噴霧状にする。

　Bは下方に放射するドレンチャーヘッドである。Cは前方に放射するドレンチャー
ヘッドである。いずれも、ドレンチャー設備に使われるヘッドで、A及びDが能美防災
製。B及びCがヤマトプロテック製である。

－－－－－－－－－－－－－－－－－－－－－－－－－－－－－－－－－－－－－

〔ドレンチャー設備〕

　ドレンチャー設備は、建物を火災から守る防火設備として、主として重要文化財等に
設置されるものである。ただし、防火対象物の10階以下の部分にある開口部に設置さ
れるスプリンクラーヘッドを省略する防火設備として設置される場合もある。

　建物の外周にドレンチャーヘッドを設置して、水幕を作ることで火の粉やふく射熱か
ら建物を守るものである。

　ドレンチャーヘッドは、下方放射のものと前方放射のものがある。下方放射のものは、
開口部等に設置して水幕を形成する。また、前方放射のものは、シャッターや窓の冷却
用として使用する。

2. 配 管

▶ ▶ 過去問題 ◀ ◀

【1】図は水噴霧消火設備に用いられる機器の一例を断面で示している。次の各設
問に答えなさい。

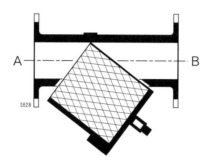

□　1．この機器の名称を答えなさい。

　　2．この機器を、配管に接続する場合、図のA・Bのどちらからどちらの方向
に水が流れるようにしなければならないか。

　　3．この機器は、加圧用ポンプの吸水側の配管、吐出側の配管のどちらに設け
ることとされているか。

▶▶正解&解説……………………………………………………………………………

【1】正解

```
1．Y型ストレーナ
2．AからBの方向
3．加圧用ポンプの吐出側の配管
```

　スクリーン（ろ過部分）は、中心部から外側に水が流れることで、内部にゴミ等を集
めておくことができる。

　上巻　第5章 ⑤「▶Y型ストレーナ」418P参照。

　水噴霧消火設備に使用するY型ストレーナは、加圧用ポンプの吐出側の配管に設ける。
ただし、加圧送水装置で、水源水位がポンプ設置位置より高い場合の水槽には、加圧用
ポンプの吸水側の配管にY型ストレーナを設置する。上巻　第5章 ①「3．加圧送水装
置　▶呼水装置」280P参照。

1．パッケージ型消火設備

◎パッケージ型消火設備の性能は、次の各号に定めるところによる（パッケージ型
　消火設備の基準　第5　一般性能等）。

1．確実に作動するものであり、かつ、取扱い、点検及び整備が容易にでき、耐久性を
　有するものであること。
2．各部分は、良質の材料で造るとともに、充填した消火薬剤に接触する部分を当該消
　火薬剤に侵されない材料で造り、又は当該部分に耐食加工を施し、かつ、外気に接触
　する部分を容易にさびない材料で造り、又は当該部分に防錆加工を施すこと。
3．部品は、機能に異常を生じないよう的確に、かつ、容易に緩まないように取り付け
　ること。
4．消火薬剤貯蔵容器等の容器弁又は放出弁は、**手動**で容易に開閉できるものであるこ
　と。
6．ノズル開閉弁は、開閉方向が表示されているものであること。
7．ノズルは、棒状放水ができるもの又は棒状放水と噴霧放水の切換えができるもので
　あること。
8．**ホース**の長さは、Ⅰ型にあっては**25m以上**、Ⅱ型にあっては**20m以上**とすること。

◎パッケージ型消火設備の放射性能は、次の各号に定めるところによる（同第6
　放射性能）。

1．作動後すみやかに消火薬剤を放射できるものであること。
2．放射時間は、温度20℃において、Ⅰ型にあっては**2分以上**、Ⅱ型にあっては**1分
　30秒以上**とすること。
3．放射率は、次の表の左欄に掲げる消火薬剤の種類に応じ、それぞれ同表の右欄に掲
　げる区分に応じた率以上の率とすること。

消火薬剤の種類	放射率（L／min）	
	Ⅰ型	Ⅱ型
強化液	40	
第一種機械泡	40	
第二種機械泡	24	40
第一種浸潤剤等入り水	40	
第二種浸潤剤等入り水	24	
第三種浸潤剤等入り水	16	

4．充填された消火薬剤の容量又は質量の90％以上の量を放射できるものであること。

5．放射距離は、棒状で放射した場合において、**10m以上**であること。

◎消火薬剤の貯蔵量は、次の表の左欄に掲げる消火薬剤の種類に応じ、それぞれ同表の右欄に掲げる区分に応じた量以上の量とすること（同第7　消火薬剤の種類及び貯蔵量）。

消火薬剤の種類	消火薬剤の貯蔵量（L）	
	Ⅰ型	Ⅱ型
強化液	200L以上	60L以上
第一種機械泡	200L以上	
第二種機械泡	120L以上	
第一種浸潤剤等入り水	200L以上	
第二種浸潤剤等入り水	120L以上	
第三種浸潤剤等入り水	80L以上	

【1】 写真はパッケージ型消火設備の機器の一例を示したものである。次の各設問に答えなさい。

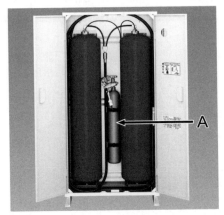

□　1．矢印Aで示す機器の名称を答えなさい。

　　2．次のア～エは、パッケージ型消火設備の機能等についての記述である。Ⅰ型及びⅡ型に共通する事項をすべて選び記号で答えなさい。

　　　ア．消火剤貯蔵容器等の容器弁は、手動で容易に開閉できるものである。

　　　イ．ホースの長さは、20m以上である。

　　　ウ．放射時間は、温度20℃において1分30秒以上である。

　　　エ．放射距離は、棒状で放射した場合において、10m以上である。

　　3．パッケージ型消火設備のⅡ型に必要とされる消火薬剤貯蔵量と放射率を答えなさい。

　　　　[　　　L以上／　　　　L/min以上]

【1】正解

> 1．加圧用ガス容器
> 2．ア（容器弁は手動で容易に開閉）
> 　　エ（放射距離は棒状で10m以上）
> 3．消火剤貯蔵量：60（L以上）
> 　　放射率：40（L/min以上）

　1．パッケージ型消火設備は、ノズル、ホース、消火薬剤貯蔵容器、加圧用ガス容器等で構成されている。

　2．イ：ホースの長さはⅠ型…25m以上、Ⅱ型…20m以上。

　　　ウ：放射時間はⅠ型…2分以上、Ⅱ型…1分30秒以上。

第9章　実技　製図（甲種のみ）

9
章

1. 水源水槽の過去問題 [1]

【1】図は、ある防火対象物に設置されている水槽の断面の概略を示したものである。条件に基づき次の各設問に答えなさい。

<条件>
1. 水槽の大きさは、幅4m、奥行き5m、深さ5mである。
2. 水槽は、屋内消火栓設備、スプリンクラー設備及び給水設備を兼用した水源水量である。
3. 屋内消火栓設備に必要とされる水源水量は5.2m³、スプリンクラー設備に必要とされる水源水量は16m³である。

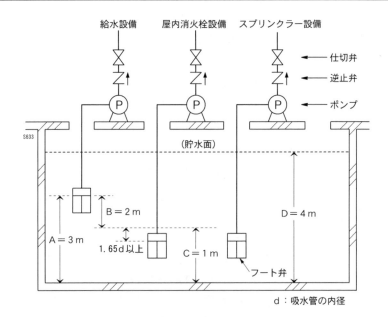

1. 消火設備に必要とされる水源水量を、計算式を示して答えなさい。
2. 図中A〜Dのうち、消火設備の有効水量を算出する水位を選び、記号で答えなさい。また、その有効水量を計算式を示して答えなさい。
3. 水槽の水量は、消火設備を使用する水量として十分な量かどうか、解答欄を○で囲み、その理由について簡潔に答えなさい。

   [十分である・不足である]
   [理由:]

▶▶正解＆解説···

[設問1　正解]

> 水源水量：21.2m³
> 計算式　：5.2m³＋16m³

◇1つの水槽を複数の消火設備で共用する場合は、必要とされる水源水量を基本的に加算により算定する。

　　▷注意：計算式には、原則として単位を入れる。(編集部)。

[設問2　正解]

> 算出する水位：B
> 有効水量：40m³
> 計算式　：4m×5m×2m

◇消火設備用の有効水量は、消火設備用フート弁の弁シート面より1.65dの部分から、給水設備フート弁の弁シートまでの量となる。

[設問3　正解]

> 十分である。
> 理由：有効水量が、必要とされる水源水量以上のため。

【1】下図は、ポンプより低い位置にある水源である。下の条件に基づき、次の各設問に答えなさい。

<条件>
1. 水槽のサイズは、幅4m、奥行き5m、深さ5mである。
2. この水源は、屋内消火栓設備、スプリンクラー設備、給水設備を兼用している。
3. 屋内消火栓設備に必要とされる水源水量は5.2m³、スプリンクラー設備に必要とされる水源水量は16m³である。

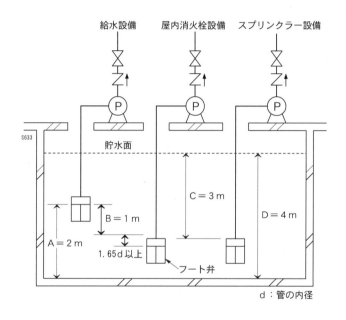

□ 1. この消火設備に必要とされる水源水量を計算式を示して答えなさい。

2. 図中A～Dのうち、この消火設備の有効水量を算出するための水位を示しているものを記号で答えなさい。また、有効水量を計算式を示して答えなさい。

3. 水槽の水量が、この消火設備に十分であるかそうでないかを解答欄に○で囲み、その理由について簡潔に答えなさい。

[十分である・不足である]

[理由:]

9章

［設問1　正解］

> 水源水量：21.2m^3
> 計算式　：5.2m^3＋16m^3

　◇1つの水槽を複数の消火設備で共用する場合は、必要とされる水源水量を基本的に加
　　算により算定する。

［設問2　正解］

> 算出する水位：B
> 有効水量：20m^3
> 計算式　：4m×5m×1m

　◇消火設備用の有効水量は、消火設備用フート弁の弁シート面より1.65dの部分から、
　　給水設備フート弁の弁シートまでの量となる。

［設問3　正解］

> 不足である
> 理由：有効水量が、必要とされる水源水量未満のため。

1. 屋内消火栓設備の過去問題［1］

【1】図1は、主要構造部を耐火構造とした地下1階、地上4階の倉庫に設置した
屋内消火栓設備の配管系統を示したものである。

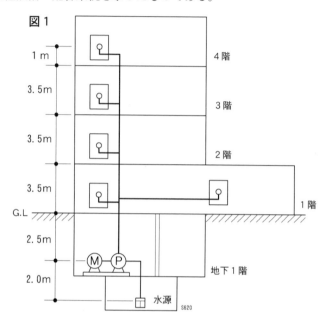

図1

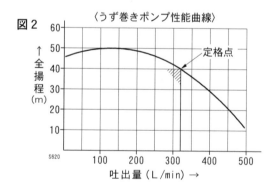

図2　〈うず巻きポンプ性能曲線〉

□ 1．この設備に必要なポンプの全揚程を①、②に従い、求めなさい。

①ポンプの全揚程（H）を求める式を答えなさい。なお、消防用ホースの摩擦損失水頭をh_1、配管の摩擦損失水頭をh_2、落差をh_3とし、単位はmとする。

[H＝　　　　　　　　]

② ①において、$h_1＝4$ m、$h_2＝2$ mとして、ポンプの全揚程を求めなさい。

2．図1から判断して、この設備に必要なポンプの吐出量は、何L/min以上となるか答えなさい。

3．図2は、定格吐出量が320L/min、定格全揚程40mのうず巻きポンプの吐出量と全揚程の関係を示したものである。このポンプを図1に示した屋内消火栓設備のポンプに使用した場合、消防法令上の基準に基づく性能としての適・不適を判断し、その理由を簡単に答えなさい。

▶▶正解＆解説‥‥‥‥‥‥‥‥‥‥‥‥‥‥‥‥‥‥‥‥‥‥‥‥‥‥‥‥‥‥‥‥‥‥

[設問1　正解]

①H＝h_1＋h_2＋h_3＋17m
②39（m）

◇次に掲げる防火対象物は、1号消火栓を設置しなければならない。

▶1号消火栓の設置が必要な防火対象物
[工場、作業場]　[倉庫]
[指定可燃物を指定数量の750倍以上貯蔵・取り扱うもの]

◇従って、設問の屋内消火栓設備は、1号消火栓となる。

◇1号消火栓と2号消火栓におけるポンプの全揚程は、次の式により求めた値以上の値とすること。

▶ポンプ全揚程
1号消火栓：H＝h_1＋h_2＋h_3＋17m
2号消火栓：H＝h_1＋h_2＋h_3＋25m
H：ポンプの全揚程（m）　　　　h_1：消防用ホースの摩擦損失水頭（m）
h_2：配管の摩擦損失水頭（m）　　h_3：落差（m）

◇式中の[17m]と[25m]は、[ノズル放水圧力等換算水頭（m）]と呼ばれているもので、定数となる。

◇ポンプの全揚程（H）を求めるには、h_1（ホース）とh_2（配管）が示されていることから、h_3（落差）を求めなければならない。

9章

◇落差は、フート弁の弁シートを低位置とし、ポンプから最も遠い消火栓のホース接続口（消火栓開閉弁）を高位置とした場合の、垂直高さとなる。

◇h3（落差）＝1m＋（3.5m×3）＋2.5m＋2m＝16m

◇ポンプの全揚程H＝4m＋2m＋16m＋17m＝39m

[設問2　正解]

> 300（L/min以上）

◇ポンプの吐出量は、屋内消火栓の設置個数が最も多い階における当該設置個数 n（設置個数が2を超えるときは、2とする）に次に示す値を乗じて得た量以上の量とすること。

▶ポンプ吐出量
1号消火栓：（150L/min）×n
2号消火栓：（70L/min）×n

◇設置個数 n は、具体的に次のとおりとなる。

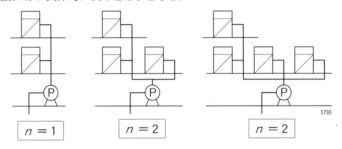

$n=1$　　　$n=2$　　　$n=2$

　▷解説：法令ではポンプに対し、1個の消火栓に消火用の水を吐出する能力、または2個の消火栓に同時に消火用の水を吐出する能力を求めている。階をまたがって、消火用の水を同時に供給することは考えていない。

◇設問では、1階に屋内消火栓が2個設置されているため、[$n=2$] として計算する。

[設問3　正解]

> 適・不適…［不適］
> 理由…ポンプの吐出量が定格吐出量の150％である場合（480L/min）における全揚程が、定格全揚程の65％（26m）以上でないため。

◇ポンプの吐出量（定格吐出量320L/min）は、n に150L/minを乗じて得た量（300L/min）以上の量とすること（以下、規則12条7号ハ）。

◇ポンプの全揚程（定格全揚程40m）は、次の式（省略）により求めた値（39m）以上の値とすること。

◇以上、2つの基準は満たしているが、正解の理由で示す基準は満たしていない。

【1】図A及び図Bは、屋内消火栓設備の系統図の一部を示したものである。系統図から1号消火栓（易操作性1号消火栓を除く。）、2号消火栓の区別を判別し、計算条件に基づき表を完成させなさい。

　(注)　1号消火栓…政令第11条第3項第1号に規定するもの

　　　　2号消火栓…政令第11条第3項第2号イに規定するもの

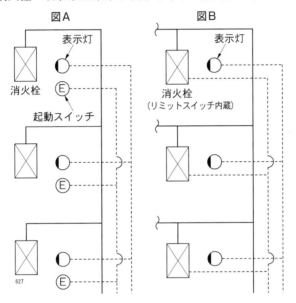

〈計算条件〉

	A	B
消火栓設置個数	各階1個設置	各階2個設置
ホース、配管の摩擦損失水頭合計（m）	12.5m	20.5m
落差（m）	17.5m	17.5m

解答欄（表）

□	A	B
消火栓の区別		
消火栓判別理由		
必要水源水量	m³以上	m³以上
ポンプの必要全揚程	m以上	m以上

[消火栓の区分／消火栓判別理由]

A：1号消火栓 理由：起動スイッチがあるため。	B：2号消火栓 理由：消火栓にリミットスイッチ 　　　が内蔵されているため

◇1号消火栓の起動方式は、設問のように起動スイッチ（起動押ボタン）を使う方法と、発信機のボタン（ポンプの起動と兼用）を押す方法がある。

◇2号消火栓の起動方式は、消火栓開閉弁などにリミットスイッチが内蔵されており、開閉弁を開くとポンプが起動する。

[必要水源水量]

A：2.6（m³以上）	B：2.4（m³以上）

◇屋内消火栓の水源は、その水量（Q）が消火栓の設置個数が最も多い階における当該設置個数 n（設置個数が2を超えるときは、2とする）に次に掲げる数値を乗じて得た量以上の量となるように設けること。

▶水源水量
1号消火栓：Q＝2.6m³×n 2号消火栓：Q＝1.2m³×n

◇Aの1号消火栓は $n＝1$、Bの2号消火栓は $n＝2$ となる。

[ポンプの必要全揚程]

A：47（m以上）	B：63（m以上）

◇1号消火栓と2号消火栓におけるポンプの全揚程（H）は、次の式により求めた値以上の値とすること。

> **▶ポンプ全揚程**
>
> 1号消火栓：$H = h_1 + h_2 + h_3 + 17m$
>
> 2号消火栓：$H = h_1 + h_2 + h_3 + 25m$
>
> 　　H：ポンプの全揚程（m）　　　　h_1：消防用ホースの摩擦損失水頭（m）
>
> 　　h_2：配管の摩擦損失水頭（m）　　h_3：落差（m）　　※17mと25mは定数

◇1号消火栓

　$H = h_1 + h_2 + h_3 + 17m$

　$h_1 + h_2$（ホース、配管の摩擦損失水頭合計）＝12.5m

　h_3（落差）＝17.5m

　$H = 12.5m + 17.5m + 17m = 47m$

◇2号消火栓

　$H = h_1 + h_2 + h_3 + 25m$

　$h_1 + h_2$（ホース、配管の摩擦損失水頭合計）＝20.5m

　h_3（落差）＝17.5m

　$H = 20.5m + 17.5m + 25m = 63m$

【1】図は、地上5階、地下1階の建物に設置された屋内消火栓設備の配管系統を
示したものである。条件に基づき、次の各設問に答えなさい。[★]

〈条件〉
1. この建物には、1号消火栓（政令第11条第3項第1号に規定するもの）が設
   置されている。
2. すべての消火栓の開閉弁は、床面から1.4mの位置にある。
3. 消防用ホースの摩擦損失水頭は3.6mである。
4. 配管の摩擦損失水頭は4.5mである。

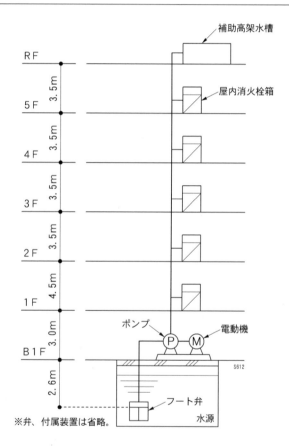

□ 1. この設備に最小限必要なポンプの吐出量（L/min）を答えなさい。
   2. この設備に最小限必要な水源水量（m³）を答えなさい。

3．この設備に最小限必要なポンプの全揚程を、計算式を示して答えなさい。ただし、計算式は数値によること。

　　［全揚程：　　　　　　m］［計算式：　　　　　　　　　　　　　　　　］

4．この設備に用いるポンプの電動機に最小限必要な出力 P（kW）を、次の計算式により答えなさい。ただし、計算結果は切り上げ、小数点第1位まで求めること。

　　計算式：P（kW）＝（0.163×吐出量×全揚程÷ポンプ効率0.5）×伝達係数1.1

▶▶正解＆解説··

［設問1　正解］

150（L/min）

◇ポンプの吐出量は、屋内消火栓の設置個数が最も多い階における当該設置個数 n（設置個数が2を超えるときは、2とする）に次に示す値を乗じて得た量以上の量とすること。

▶ポンプ吐出量
1号消火栓：（150L/min）×n 2号消火栓：（70L/min）×n

［設問2　正解］

2.6（m^3）

◇屋内消火栓の水源は、その水量（Q）が消火栓の設置個数が最も多い階における当該設置個数 n（設置個数が2を超えるときは、2とする）に次に掲げる数値を乗じて得た量以上の量となるように設けること。

▶水源水量
1号消火栓：Q＝2.6m^3×n 2号消火栓：Q＝1.2m^3×n

[設問3　正解]

全揚程：47.1（m）
計算式：3.6m＋4.5m＋1.4m＋（3.5m×3）＋4.5m＋3.0m＋2.6m＋17m

◇1号消火栓と2号消火栓におけるポンプの全揚程（H）は、次の式により求めた値以
　上の値とすること。

▶ポンプ全揚程
1号消火栓：H＝h1＋h2＋h3＋17m
2号消火栓：H＝h1＋h2＋h3＋25m
H：ポンプの全揚程（m）　　　　　　h1：消防用ホースの摩擦損失水頭（m） 　　h2：配管の摩擦損失水頭（m）　　　h3：落差（m）　　※17mと25mは定数

◇H＝h1＋h2＋h3＋17m

　h1（消防用ホースの摩擦損失水頭）＝3.6m

　h2（配管等の摩擦損失水頭）＝4.5m

　h3（落差）＝1.4m＋（3.5m×3）＋4.5m＋3.0m＋2.6m＝22.0m

　H＝3.6m＋4.5m＋22.0m＋17m＝47.1m

　▷注意：計算式には、原則として単位を入れる。単位が抜けていると減点の対象とな
　　　　　ることがある（編集部）。

[設問4　正解]

出力P：2.6（kW）

◇吐出量［150L/min］は単位を変換して［0.15m^3/min］にする。
　1000L＝1m^3。

◇試験会場では電卓が使えないため、計算しやすいように計算式を変形する。

$$\frac{0.163×0.15×47.1×1.1}{0.5} = 0.163×0.3×47.1×1.1$$

　＝0.163×0.33×47.1＝2.53…

◇［計算結果は切り上げ、小数点第1位まで求める］と、2.6となる。

【1】図は、ある工場の屋内消火栓設備の配管系統図を示したものである。次の各設問に答えなさい。

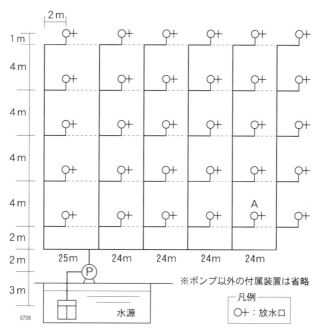

□ 1. ポンプの全揚程（H）を求める式を、規則で示す記号（h1、h2…等）を用いて答えなさい。また、用いた記号が何を表すか簡記しなさい。ただし、単位はmとする。

2. 消防用ホース及び配管の摩擦損失水頭の合計が19mの場合、このポンプの全揚程は何m以上となるか答えなさい。

3. 図中Aで示す消火栓放水口のノズル先端の放水圧力範囲を答えなさい。

　　　［　　　MPa以上　　　MPa以下］

4. この設備に必要となる水源の水量（m³）を答えなさい。

▶▶正解＆解説・・・

［設問1　正解］

> ポンプの全揚程（H）を求める式：h1＋h2＋h3＋17m
> 記号h1：消防用ホースの摩擦損失水頭（m）
> 記号h2：配管の摩擦損失水頭（m）
> 記号h3：落差（m）

◇次に掲げる防火対象物は、1号消火栓を設置しなければならない。

▶ 1号消火栓の設置が必要な防火対象物

［工場、作業場］　［倉庫］
［指定可燃物を指定数量の750倍以上貯蔵・取り扱うもの］

◇従って、設問（工場）の屋内消火栓設備は、1号消火栓となる。

◇1号消火栓と2号消火栓におけるポンプの全揚程は、次の式により求めた値以上の値とすること。

▶ポンプ全揚程

1号消火栓：$H = h_1 + h_2 + h_3 + 17m$
2号消火栓：$H = h_1 + h_2 + h_3 + 25m$

　　H：ポンプの全揚程（m）　　　　h_1：消防用ホースの摩擦損失水頭（m）
　　h_2：配管の摩擦損失水頭（m）　　h_3：落差（m）　　※17mと25mは定数

[設問2　正解]

60（m以上）

◇$H = h_1 + h_2 + h_3 + 17m$
　$h_1 + h_2 = 19m$
　$h_3 = 1m + （4m×4） + 2m + 2m + 3m = 24m$
　$H = 19m + 24m + 17m = 60m$

[設問3　正解]

0.17（MPa以上）0.7（MPa以下）

◇1号消火栓と2号消火栓におけるノズル先端の放水圧力は、次の範囲にあること。

▶放水圧力

1号消火栓：0.17MPa以上0.7MPa以下
2号消火栓：0.25MPa以上0.7MPa以下

[設問4　正解]

5.2（m^3）

◇屋内消火栓の水源は、その水量（Q）が消火栓の設置個数が最も多い階における当該設置個数 n（設置個数が2を超えるときは、2とする）に次に掲げる数値を乗じて得た量以上の量となるように設けること。

▶水源水量

1号消火栓：$Q = 2.6m^3 × n$
2号消火栓：$Q = 1.2m^3 × n$

5. 屋内消火栓設備の過去問題［5］

【1】図は、屋内消火栓設備の配管系統の一部を示したものである。条件に基づき、次の各設問に答えなさい。［★］

〈条件〉

1．この防火対象物の用途は、政令別表第1（14）項に該当する倉庫である。
2．すべての消火栓の開閉弁は、床面からの高さが 1.5m の位置にある。
3．消防用ホースの摩擦損失水頭（h1）は 7.8m である。
4．配管の摩擦損失水頭（h2）は 5.0m である。

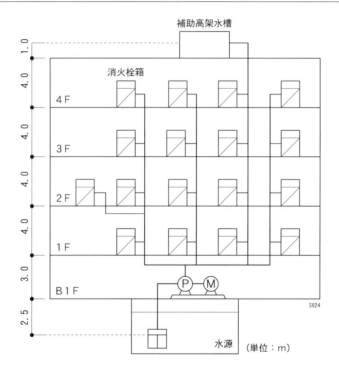

□　1．この設備に、消防法令上最小限必要とされる水源の水量及びポンプの吐出量をそれぞれ計算式を示して答えなさい。
　　2．このポンプに、消防法令上最小限必要とされる全揚程（H）を計算式を示して答えなさい。ただし、計算式は数値によるものとする。

▶▶正解＆解説··

[設問1　正解]

水源水量：5.2m³　　　　　計算式：2.6m³×2
ポンプ吐出量：300L/min　　計算式：（150L/min）×2

◇次に掲げる防火対象物は、1号消火栓を設置しなければならない。

▶1号消火栓の設置が必要な防火対象物

[工場、作業場]　[倉庫]　[指定可燃物を指定数量の750倍以上貯蔵・取り扱うもの]

◇従って、設問（倉庫）の屋内消火栓設備は、1号消火栓となる。
◇屋内消火栓の水源は、その水量（Q）が消火栓の設置個数が最も多い階における当該設置個数 n（設置個数が2を超えるときは、2とする）に次に掲げる数値を乗じて得た量以上の量となるように設けること。

▶水源水量

1号消火栓：$Q = 2.6m^3 \times n$
2号消火栓：$Q = 1.2m^3 \times n$

◇ポンプの吐出量は、屋内消火栓の設置個数が最も多い階における当該設置個数 n（設置個数が2を超えるときは、2とする）に次に示す値を乗じて得た量以上の量とすること。

▶ポンプ吐出量

1号消火栓：（150L/min）×n
2号消火栓：（70L/min）×n

[設問2　正解]

全揚程（H）：48.8m
計算式：7.8m＋5.0m＋1.5m＋（4.0m×3）＋3.0m＋2.5m＋17m

◇1号消火栓と2号消火栓におけるポンプの全揚程は、次の式により求めた値以上の値とすること。

▶ポンプ全揚程

1号消火栓：$H = h_1 + h_2 + h_3 + 17m$
2号消火栓：$H = h_1 + h_2 + h_3 + 25m$
　　　H：ポンプの全揚程（m）　　　h_1：消防用ホースの摩擦損失水頭（m）
　　　h_2：配管の摩擦損失水頭（m）　　h_3：落差（m）　　※17mと25mは定数

◇$H = h_1 + h_2 + h_3 + 17m$
　　$h_1 = 7.8m$　　　$h_2 = 5.0m$
　　$h_3 = 1.5m + （4.0m \times 3） + 3.0m + 2.5m = 19m$
　　$H = 7.8m + 5.0m + 19m + 17m = 48.8m$

【1】図は、屋内消火栓設備の配管系統を示したものである。条件に基づき、この設備に消防法令により最小限必要とされる水源水量、ポンプ吐出量お及び全揚程を計算式を用いて答えなさい。ただし、計算式は数値によるものとする。

〈条件〉

1．この防火対象物は、主要構造物を耐火構造とし、政令別表第1（15）項に該当する建物である。
2．屋内消火栓は、2号消火栓（政令第11条第3項第2号イに規定するもの）とすること。
3．消防用ホースの摩擦損失水頭は、15m である。
4．配管の摩擦損失水頭は、配管・継手・弁等を含み 10m である。
5．屋内消火栓の開閉弁は、すべて床面からの高さが 1.5m の位置にある。

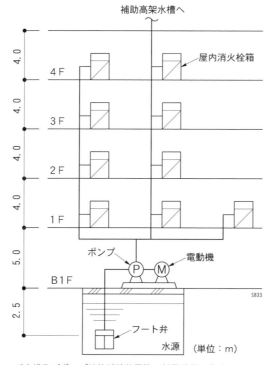

※呼水槽及びポンプ性能試験装置等の付属装置は省略してある。

[水源水量（2号消火栓）正解]

> 水源水量：2.4（m³）
> 計算式　：1.2m³×2

◇屋内消火栓の水源は、その水量（Q）が消火栓の設置個数が最も多い階における当該
　設置個数 n（設置個数が2を超えるときは、2とする）に次に掲げる数値を乗じて得
　た量以上の量となるように設けること。

▶水源水量
1号消火栓：$Q = 2.6m^3 \times n$
2号消火栓：$Q = 1.2m^3 \times n$

[ポンプ吐出量（2号消火栓）正解]

> ポンプ吐出量：140（L/min）
> 計算式：70L/min×2

◇ポンプの吐出量は、屋内消火栓の設置個数が最も多い階における当該設置個数 n（設
　置個数が2を超えるときは、2とする）に次に示す値を乗じて得た量以上の量とする
　こと。

▶ポンプ吐出量
1号消火栓：（150L/min）×n
2号消火栓：（70L/min）×n

[**全揚程（２号消火栓）正解**]

全揚程：71（m）

計算式：15m＋10m＋1.5m＋（4.0m×3）＋5.0m＋2.5m＋25m

◇１号消火栓と２号消火栓におけるポンプの全揚程（H）は、次の式により求めた値以上の値とすること。

▶ポンプ全揚程
１号消火栓：H＝h₁＋h₂＋h₃＋17m

１号消火栓：$H=h_1+h_2+h_3+17m$

２号消火栓：$H=h_1+h_2+h_3+25m$

    H：ポンプの全揚程（m） h_1：消防用ホースの摩擦損失水頭（m）

    h_2：配管の摩擦損失水頭（m） h_3：落差（m）   ※17mと25mは定数

◇２号消火栓

  $H=h_1+h_2+h_3+25m$

  h_1（ホースの摩擦損失水頭）＝15m

  h_2（配管・継手・弁等の摩擦損失水頭）＝10m

  h_3（落差）＝1.5m＋（4.0m×3）＋5.0m＋2.5m＝21m

  H＝15m＋10m＋21m＋25m＝71m

【1】図は、ある防火対象物に設置する屋内消火栓設備の配管系統の一例である。この防火対象物に、1号消火栓を設置するか2号消火栓を設置するかを任意に選び、その消火栓に必要とされる水源水量、ポンプ吐出量及び全揚程を、条件に基づいて、それぞれ計算式を示して答えなさい。ただし、解答欄の選んだ消火栓を必ず○で囲み、計算式は数値によること。

（注）　1号消火栓…政令第11条第3項1号に規定されたもの
　　　　2号消火栓…政令第11条第3項2号イに規定されたもの

〈条件〉

1．この防火対象物は、主要構造部を耐火構造とした政令別表第1（15）項に該当する建物である。
2．すべての消火栓の開閉弁は、すべて床面からの高さが 1.5m の位置にある。
3．ホース及び配管等の摩擦損失水頭は、別表によること。
4．各階に設置したホース接続口は、1号消火栓及び2号消火栓ともに同数として計算すること。

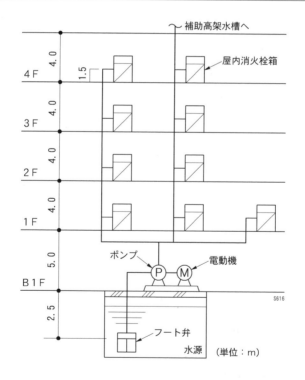

選んだ消火栓		1号消火栓　　・　　2号消火栓
水源水量	計算式	
	答	m³
吐出量	計算式	
	答	L/min
全揚程	計算式	
	答	m

別表　　　　　　　　　　　　　　　　　　　　　　　　　　（単位：m）

	ホースの摩擦損失水頭	配管・弁・継手の摩擦損失水頭
1号消火栓	7.0	4.0
2号消火栓	12.0	10.0

▶▶正解＆解説・・・

[水源水量　正解]

1号消火栓を選択	2号消火栓を選択
計算式：2.6m³×2	計算式：1.2m³×2
答　　：5.2（m³）	答　　：2.4（m³）

◇屋内消火栓の水源は、その水量（Q）が消火栓の設置個数が最も多い階における当該設置個数 n（設置個数が2を超えるときは、2とする）に次に掲げる数値を乗じて得た量以上の量となるように設けること。

> ▶水源水量
>
> 1号消火栓：Q＝2.6m³× n
> 2号消火栓：Q＝1.2m³× n

[吐出量　正解]

1号消火栓を選択	2号消火栓を選択
計算式：150L/min×2	計算式：70L/min×2
答　　：300（L/min）	答　　：140（L/min）

◇ポンプの吐出量は、屋内消火栓の設置個数が最も多い階における当該設置個数 n（設置個数が2を超えるときは、2とする）に次に示す値を乗じて得た量以上の量とすること。

> ▶ポンプ吐出量
>
> 1号消火栓：（150L/min）× n
> 2号消火栓：（70L/min）× n

1号消火栓を選択

　計算式：7.0m＋4.0m＋1.5m＋（4.0m×3）＋5.0m＋2.5m＋17m

　答　　：49（m）

2号消火栓を選択

　計算式：12.0m＋10.0m＋1.5m＋（4.0m×3）＋5.0m＋2.5m＋25m

　答　　：68（m）

◇1号消火栓と2号消火栓におけるポンプの全揚程（H）は、次の式により求めた値以上の値とすること。

▶ポンプ全揚程

1号消火栓：$H = h_1 + h_2 + h_3 + 17m$

2号消火栓：$H = h_1 + h_2 + h_3 + 25m$

　　H：ポンプの全揚程（m）　　　　h_1：消防用ホースの摩擦損失水頭（m）

　　h_2：配管の摩擦損失水頭（m）　　h_3：落差（m）　　※17mと25mは定数

◇1号消火栓

　$H = h_1 + h_2 + h_3 + 17m$

　h_1（ホースの摩擦損失水頭）＝7.0m

　h_2（配管・弁・継手の摩擦損失水頭）＝4.0m

　h_3（落差）＝1.5m＋（4.0m×3）＋5.0m＋2.5m＝21m

　H＝7.0m＋4.0m＋21m＋17m＝49m

◇2号消火栓

　$H = h_1 + h_2 + h_3 + 25m$

　h_1（ホースの摩擦損失水頭）＝12.0m

　h_2（配管・弁・継手の摩擦損失水頭）＝10.0m

　h_3（落差）＝1.5m＋（4.0m×3）＋5.0m＋2.5m＝21m

　H＝12.0m＋10.0m＋21m＋25m＝68m

8. 屋内消火栓設備の過去問題 [8]

【1】図は、政令別表第1（14）の倉庫に設置する屋内消火栓設備の配管系統の一例であり、下の表は摩擦損失水頭を示したものである。次の各設問に答えなさい。

表　摩擦損失水頭　　　　　　　　　　　　　　（単位：m）

	消防用ホース	配管（管継手及びバルブ類を含む）
1号消火栓	4.0	4.0
2号消火栓	2.0	5.0

（注）　1号消火栓…政令第11条第3項1号に規定されたもの
　　　　2号消火栓…政令第11条第3項2号イに規定されたもの

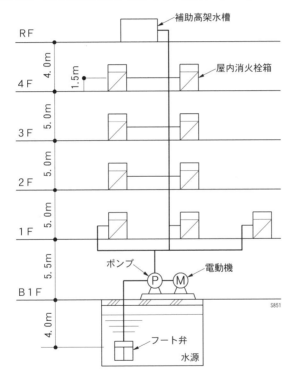

□　1．この屋内消火栓設備に最小限必要とされる水源の水量及びポンプの吐出量
　　　を、計算式を示して答えなさい。ただし、計算式は数値によること。

　　2．この屋内消火栓設備に最小限必要とされるポンプの全揚程を、計算式を示
　　　して答えなさい。ただし、計算式は数値によること。

▶▶正解＆解説‥‥‥‥‥‥‥‥‥‥‥‥‥‥‥‥‥‥‥‥‥‥‥‥‥‥‥‥‥‥‥‥

[設問1　正解]

> 水源水量：5.2m^3　　　　　計算式：2.6m^3×2
> ポンプ吐出量：300L/min　　計算式：（150L/min）×2

◇次に掲げる防火対象物は、1号消火栓を設置しなければならない。

> **▶1号消火栓の設置が必要な防火対象物**
>
> ［工場、作業場］　［倉庫］
> ［指定可燃物を指定数量の750倍以上貯蔵・取り扱うもの］

◇従って、設問（倉庫）の屋内消火栓設備は、1号消火栓となる。

◇屋内消火栓の水源は、その水量（Q）が消火栓の設置個数が最も多い階における当該
　設置個数 n（設置個数が2を超えるときは、2とする）に次に掲げる数値を乗じて得
　た量以上の量となるように設けること。

> **▶水源水量**
>
> 1号消火栓：Q＝2.6m^3×n
> 2号消火栓：Q＝1.2m^3×n

◇ポンプの吐出量は、屋内消火栓の設置個数が最も多い階における当該設置個数 n（設
　置個数が2を超えるときは、2とする）に次に示す値を乗じて得た量以上の量とする
　こと。

> **▶ポンプ吐出量**
>
> 1号消火栓：（150L/min）×n
> 2号消火栓：（70L/min）×n

[設問2　正解]

> 全揚程（H）：51m
> 計算式：4.0m＋4.0m＋1.5m＋（5.0m×3）＋5.5m＋4.0m＋17m

◇1号消火栓と2号消火栓におけるポンプの全揚程は、次の式により求めた値以上の値
　とすること。

> **▶ポンプ全揚程**
>
> 1号消火栓：H＝h$_1$＋h$_2$＋h$_3$＋17m
> 2号消火栓：H＝h$_1$＋h$_2$＋h$_3$＋25m
> 　　H：ポンプの全揚程（m）　　　　h$_1$：消防用ホースの摩擦損失水頭（m）
> 　　h$_2$：配管の摩擦損失水頭（m）　　h$_3$：落差（m）　　※17mと25mは定数

◇H＝h$_1$＋h$_2$＋h$_3$＋17m
　h$_1$＝4.0m　　h$_2$＝4.0m　　h$_3$＝1.5m＋（5.0m×3）＋5.5m＋4.0m＝26m
　H＝4.0m＋4.0m＋26m＋17m＝51m

【1】図は、2階建ての倉庫に設置した屋内消火栓設備において、配管系統の一部を示したものである。次の各設問に答えなさい。

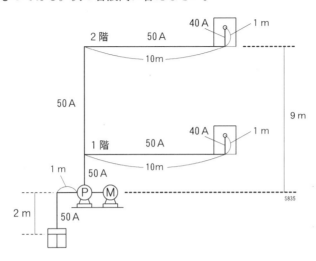

1. ポンプの全揚程を求める式は、次のように表される。式中の【 】内の定数を求めなさい。

$$H = h_1 + h_2 + h_3 + 【 \quad 】$$

2. 設問1の計算式において、h_1、h_2及びh_3は、消防法令上、どのように表されているか、それぞれ答えなさい。また、計算式を示してそれぞれの数値を求めなさい。ただし、計算結果は小数点第1位まで求めるものとし、以下は切り上げとする。また、配管及び消防用ホースの摩擦損失水頭は表の内容とし、管継手及び弁類の摩擦損失水頭の合計は2m、消防用ホースは呼称40、長さ30mのものを使用する。

3. ポンプの全揚程（H）を求めなさい。

配管の摩擦損失水頭 (配管100mあたり)（単位m）		
流量 (L/mm) ＼ 呼径 (mm)	40A	50A
130	9.4	2.9
260	34.0	10.6

消防用ホースの摩擦損失水頭 (消防用ホース100mあたり)（単位m）		
流量 (L/mm) ＼ 呼径 (mm)	40	50
130	12	3

設問1			【　】＝		
設問2	h1	名称			
		計算式		答	m
	h2	名称			
		計算式		答	m
	h3	名称			
		計算式		答	m
設問3			H＝		

▶▶正解＆解説 ··

[正解]

設問1			【　】＝17		
設問2	h1	名称	消防用ホースの摩擦損失水頭		
		計算式	30m×12m／100m	答	3.6　m
	h2	名称	配管の摩擦損失水頭		
		計算式	（1m×9.4m／100m）＋ （22m×2.9m／100m）＋2m	答	2.8　m
	h3	名称	落差		
		計算式	1m＋9m＋2m	答	12　m
設問3			H＝35.4m		

◇倉庫に設置されることから、1号消火栓となる。

◇設問の表を見てもわかるとおり、配管の摩擦損失水頭は流量が多くなるほど増加する。また、配管の呼径が大きくなるほど減少する。配管の摩擦損失水頭は、流量・呼径ごとに区分して計算しなければならない。

◇設問では、2階に設置されている1個の1号消火栓が放水するものとして計算する。

◇消防用ホースの摩擦損失水頭（h1）は、呼径が40（設問の指示）であることから、100mあたり12mとなる。ホースは30mであることから、h1＝30m×12m／100m＝**3.6m**となる。

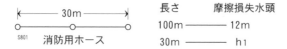

◇各配管ごとに摩擦損失水頭（h2）を算出する。

　　40Aの部分：表の40Aと流量130L/minが適用され、100mあたり9.4mが水頭となる。1m部分の水頭＝1m×9.4m／100m＝0.094m。

	長さ	摩擦損失水頭
	100m ———	9.4m
40Aの配管	1m ———	h2（1m部分）

　　50Aの部分：表の50Aと流量130L/minが適用され、100mあたり2.9mが水頭となる。50Aの管長＝10m＋9m＋1m＋2m＝22m。22m部分の水頭＝22m×2.9m／100m＝0.638m。

	長さ	摩擦損失水頭
	100m ———	2.9m
50Aの配管	22m ———	h2（22m部分）

　この他、管継手及び弁類の水頭が、設問で指示されている2mとなる。

　h2＝0.094m＋0.638m＋2m＝2.732m。

　設問で指示されている計算結果の処理に従うと、2.732m ⇒ **2.8m**となる。

◇落差（h3）＝1m＋9m＋2m＝**12m**。

◇全揚程H＝h1＋h2＋h3＋17m＝3.6m＋2.8m＋12m＋17m＝**35.4m**

◇配管の摩擦損失水頭で、流量の260L/minはまったく使わなかった。階に2個の消火栓が設置してある場合は、同時の使用を想定して管内の流量を2倍として計算する。

注意：配管の摩擦損失水頭について、実際の試験ではもっと大きな数値が使われていた。しかし、数値の末端まで特定できなかったため、一般に用いられる配管用炭素鋼管（G3452）の数値を用いた（編集部）。

1. スプリンクラー設備の過去問題［1］

【1】図は、閉鎖型スプリンクラーヘッドを用いたスプリンクラー設備の系統図の
一部を示したものである。次の各設問に答えなさい。

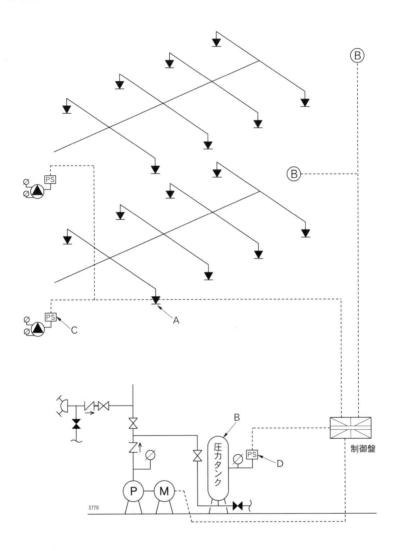

□ 1．主配管から各放水区域への配管系統及び末端試験装置を、凡例の記号を用いて図中に記入しなさい。

凡例

⊳⊲	止水弁（開）	PS	圧力スイッチ	Ⓜ	電動機
▶◀	止水弁（閉）	⊘	圧力計	Ⓑ	音響警報装置
逆止弁	逆止弁	⊘	連成計	⊞	制御盤
▲	流水検知装置	▽	送水口	——	配管
オリフィス	オリフィス	Ⓟ	ポンプ	-------	配線

2．Aで示す機器が作動した場合、Cの圧力スイッチは、加圧により作動するか、減圧により作動するか答えなさい。

3．Cの圧力スイッチが作動すると、図中のどの機器が作動するか答えなさい。

4．Dの圧力スイッチは、加圧により作動するものか、減圧により作動するものか答えなさい。

5．加圧送水装置の電動機は、直接どの機器の作動の信号により起動するか、A～Dから選び記号で答えなさい。

▶▶正解＆解説……………………………………………………………………………………

[設問1　正解]

◇次ページの図（太線）のとおり。

[設問2　正解]

［加圧］により作動する

◇Aの閉鎖型スプリンクラーヘッドが作動して放水すると、配管内の圧力が低下する。圧力タンクの圧力スイッチは、この減圧を検出して制御盤に信号を送る。制御盤は加圧送水装置（ポンプ）を起動して送水を開始する。

◇湿式流水検知装置は、ヘッドが開放すると弁体が開いて二次側に加圧水が流れ込む。圧力スイッチは、この加圧を検知して制御盤に信号を送る。制御盤は音響警報装置（ベル）を鳴らして警報を発する。

[設問3　正解]

［音響警報装置］が作動する

[設問4　正解]

［減圧］により作動する

[設問5　正解]

[D] の作動の信号により起動

◇圧力スイッチ（D）は、圧力タンク内が減圧すると信号を制御盤に送り、電動機を起
　動する。

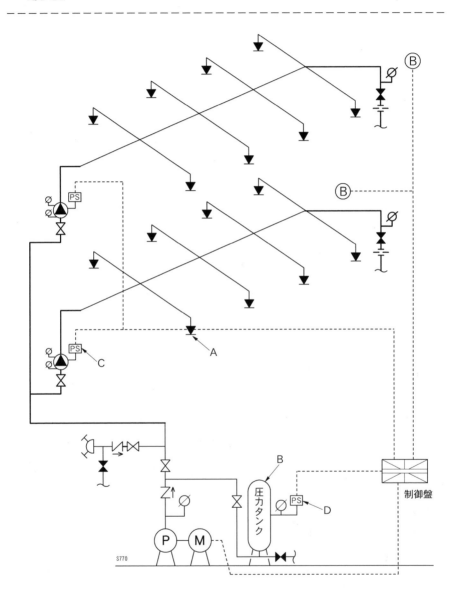

212

2. スプリンクラー設備の過去問題［2］

【1】図はスプリンクラー設備の系統図の一部である。凡例の記号を用いて、次の各設問に答えなさい。

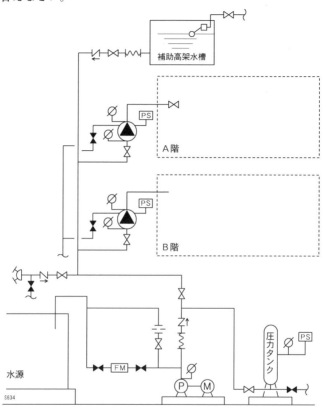

凡例

記号	名称	記号	名称
⋈	止水弁（常時開）	⊤	減水警報装置
◀▶	止水弁（常時閉）	◪	補助散水栓
⋎	逆止弁	◇	一斉開放弁
⊣‖⊢	オリフィス	⋉	Y型ストレーナ
∅	圧力計	⊶	可とう継手
⊘	連成計	—	配管
▽	閉鎖型スプリンクラーヘッド	▽	開放型スプリンクラーヘッド
▧	手動式開放弁		

213

□ 1．A階に、開放型スプリンクラーヘッドを用いた設備を記入しなさい。ただ
　　　し、火災感知用ヘッド（閉鎖型スプリンクラーヘッド）及び開放型スプリン
　　　クラーヘッドは各4個設けること。

　　2．A階に、試験用配管及び手動式開放弁を記入しなさい。

　　3．B階に、閉鎖型スプリンクラーヘッドを用いた設備を記入しなさい。ただ
　　　し、スプリンクラーヘッドは4個設けること。

　　4．B階に、末端試験弁及び補助散水栓を記入しなさい。

　　5．水源から送水管を、必要な弁及び装置と共に記入しなさい。ただし、この
　　　設備の水源の水位は、加圧送水装置のポンプの位置より高いところに設けて
　　　あるものとする。

▶▶**正解＆解説**‥‥

[設問1〜5　正解]

　◇図（太線）のとおり。

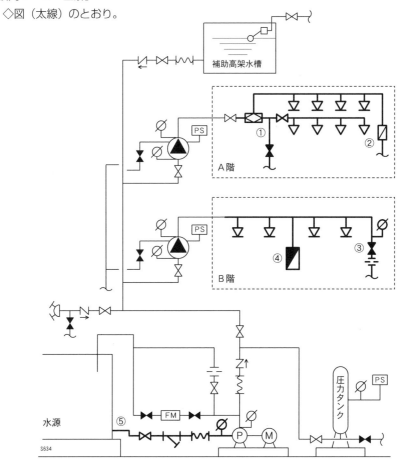

　◇開放式スプリンクラーヘッドを用いる設備は、一斉開放弁が減圧開放式のものと加圧開放式のものがある。設問では「火災感知用ヘッド」を設けるよう指示しているため、減圧開放式の一斉開放弁を用いる設備とする。

　◇A階の試験用配管は図中の①で、手動式開放弁（手動起動弁）は図中の②で記入してある。

　◇B階の末端試験弁は図中の③で、補助散水栓は図中の④で記入してある。

　◇水源水位がポンプより高い位置にある場合、ポンプへの給水が容易であるため、呼水装置は必要としない。ポンプへの送水管には、止水弁、ろ過装置（Y型ストレーナ）、可とう管継手、圧力計を設置する。

　◇図中の①〜⑤は解説のためのものであり、実際の試験では記入してはならない（編集部）。

215

【1】図はスプリンクラー設備の系統図の一部を示したものである。次の各設問に
答えなさい。

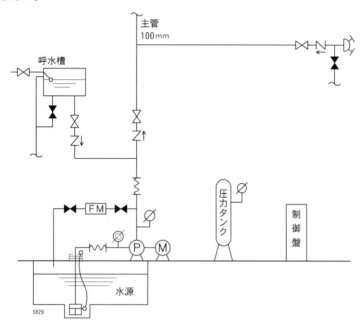

凡例

⋈	止水弁（常時開）	⊓	減水警報装置
◄►	止水弁（常時閉）	⌐◦	自動給水装置
⋎	逆止弁	⧖	送水口
⊣⊦	オリフィス	Ⓟ	ポンプ
⊘	圧力計	Ⓜ	電動機
⊘	連成計	⟋ⱽⱽⱽⱽⱽ⟍	可とう継手
FM	流量計	——	配管
PS	圧力スイッチ	-------	配線
⊞	フート弁		

□　1．起動用圧力タンクが正しく機能するように、配管系統及び配線系統を凡例の記号を用いて、図に記入しなさい。

　　2．呼水槽の減水警報装置及び配線系統を、凡例の記号を用いて図に記入しなさい。

　　3．ポンプの水温上昇防止用逃し配管を、凡例の記号を用いて図に記入しなさい。

▶▶正解＆解説‥‥‥‥‥‥‥‥‥‥‥‥‥‥‥‥‥‥‥‥‥‥‥‥‥‥‥‥‥‥‥‥‥‥‥‥

[設問1～3　正解]

◇配管は太線、配線は点線のとおり。

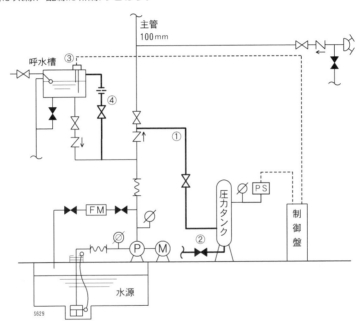

◇起動用圧力タンクは、ポンプ吐出側逆止弁の二次側において、管の呼び25以上で止水弁を備えた配管（①）に接続されていること。

◇起動用圧力タンクの底部には、ポンプ起動試験用の排水弁（②）及び配管が接続されている。この排水弁を開くと、圧力タンク内が減圧するため、加圧送水装置のポンプを起動させることができる

◇呼水装置は、呼水槽、溢水用排水管、排水管（止水弁を含む。）、呼水管（逆止弁及び止水弁を含む。）、減水警報装置（発信部）（③）及び呼水槽に水を自動的に補給するための装置により構成されるものであること。

◇水温上昇防止用逃し配管（④）には、オリフィス及び止水弁が設けられていること。

217

【1】 図は、スプリンクラー設備の系統図の一部を示したものである。次の各設問に答えなさい。

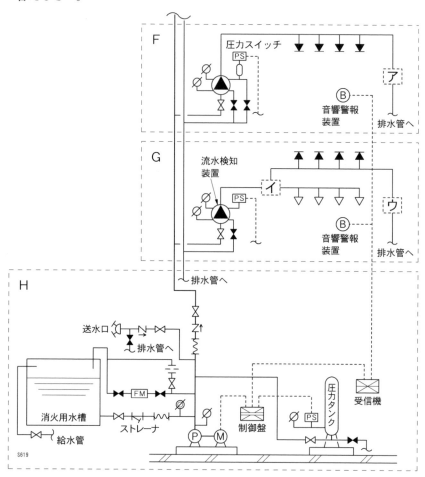

A

B

C

D

E

☐ 1．図中ア～ウに設ける弁等を写真から選び、A～Eの記号で答えなさい。

2．図中Fの部分に設けられているスプリンクラーヘッドの種別を答えなさい。

3．図中Gは、政令別表第1（1）項に掲げる防火対象物の「ある部分」の放水区域を示しているが、この「ある部分」とはどこか答えなさい。

4．図中Hの部分には配管の接続の誤りが3箇所ある。その誤っている箇所を図中に×印で示し、正しい接続となるよう配管を記入しなさい。

▶▶正解＆解説‥‥‥‥‥‥‥‥‥‥‥‥‥‥‥‥‥‥‥‥‥‥‥‥‥‥‥‥‥‥‥‥‥‥‥

[設問1　正解]

ア．C（末端試験弁）
イ．A（一斉開放弁／減圧開放式）
ウ．D（手動式開放弁）

◇B…制御弁（バタフライ弁）
　E…湿式流水検知装置（作動弁型）

[設問2　正解]

閉鎖型スプリンクラーヘッド

[設問3　正解]

舞台部

◇図中Gの部分に設けられているのは、開放型スプリンクラー設備である。

[設問4　正解]

◇図（太線）のとおり。

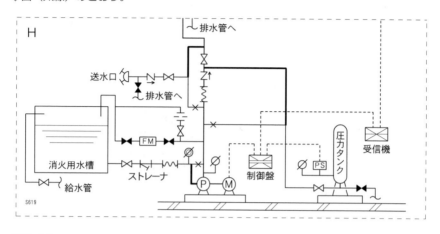

[誤り1]

◇送水口は、当該スプリンクラー設備の加圧送水装置から流水検知装置若しくは圧力検
　知装置又は一斉開放弁若しくは手動式開放弁までの配管に、専用の配管をもって接続
　すること。

◇しかし、図では加圧送水装置の吐出側直近部分の配管に設けられている逆止弁の一次
　側に接続してある。太線のように、止水弁の二次側に接続しなくてはならない。

[誤り2]

◇起動用圧力タンクは、ポンプ吐出側逆止弁の二次側において、管の呼び25以上で止
　水弁を備えた配管に接続されていること。

◇しかし、図では逆止弁の一次側に接続してある。太線のように、逆止弁の二次側に接
　続しなくてはならない。

[誤り3]

◇設問では、水源水位がポンプ設置位置よりも高くなっている。水槽からポンプ吸込口
　への送水管が、ポンプ吐出側の配管に接続してある。太線のように、ポンプ吸込口に
　接続しなくてはならない。

◇設問では、吸込側の配管に連成計が取り付けられているが、負圧にならない場合は、
　圧力計でもよい（編集部）。

【1】図は、開放型ヘッドを用いたスプリンクラー設備の配管系統の一部を示したものである。次の各設問に答えなさい。［★］

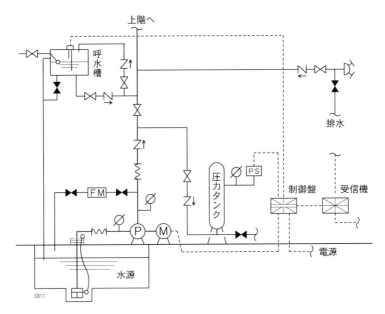

□　1．図中に示された範囲のうち、配管の接続及び機器の設置について誤りを5箇所指摘し、当該箇所を○で囲みなさい。

　　2．設問1で指摘した箇所の付近に任意で1〜5の番号を付し、それぞれの箇所の誤りの理由を簡潔に答えなさい。

【2】図（【1】と同じ）は、開放型ヘッドを用いたスプリンクラー設備の配管系統の一部を示したものである。次の各設問に答えなさい。［3.8/4.2/4.23］

□　1．配管の接続及び機器の設置について、誤りが5箇所ある。誤りの箇所を○で囲み、それぞれに1〜5の番号を付しなさい。

　　2．設問1で指摘した箇所の誤りを、例にならい訂正しなさい。

　　　訂正内容の例：配管は、逆止弁の一次側ではなく二次側に接続する。

▶▶ **正解＆解説**………………………………………………………………………………

◇【1】と【2】の問題の正解は、基本的に同じである（編集部）。

[設問1　正解]

◇図の○と番号（問2）は次のとおり。

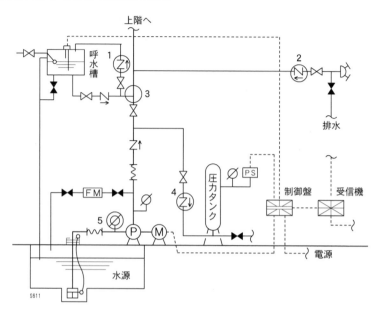

[設問2　正解]

1．逆止弁ではなく、オリフィスを設ける。
2．逆止弁は、止水弁の立上り管側ではなく、止水弁の送水口側に設置する。
3．呼水管は、ポンプ吐出側止水弁の二次側ではなく、ポンプ吐出側逆止弁の一次側に接続する。
4．起動用圧力タンクに接続する配管に、逆止弁は不要である。
5．ポンプの吸込側には、圧力計ではなく連成計を設ける。

◇呼水管の接続先は、規則ではなく、加圧送水装置の基準（第6　3）の逃がし配管部分で規定されている。「逃し配管は、ポンプ吐出側逆止弁の一次側であって、呼水管の逆止弁のポンプ側となる部分に接続」されているものであること。

【1】図は、閉鎖型スプリンクラーヘッドを用いたスプリンクラー設備の系統図を示したものである。次の各設問に答えなさい。

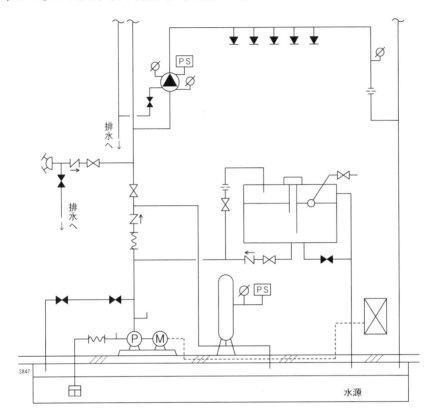

凡例

湿式流水検知装置	⬤	オリフィス	⊣∣⊢
止水弁（常時開）	⊸⋈⊶	圧力計	∅
止水弁（常時閉）	→◀	連成計	⊘
逆止弁	⊸↗⊢	圧力スイッチ	PS
可とう継手	⊢⋀⋀⊣	減水警報装置	⊤
流量計	FM	配管	—— S771
制御盤	⊠	配線	-------

223

□　1．この図には、機器の未記入部分が7箇所ある。その部分に必要な機器を、凡例に示した記号を用いて記入しなさい。

　　2．この図に、減水警報装置及び圧力スイッチの配線系統を、凡例に示した記号を用いて作図しなさい。ただし、配線本数の記入は不要とする。

▶▶**正解＆解説**··

[設問1＆2　正解]

　◇設問1と設問2は図のとおり。

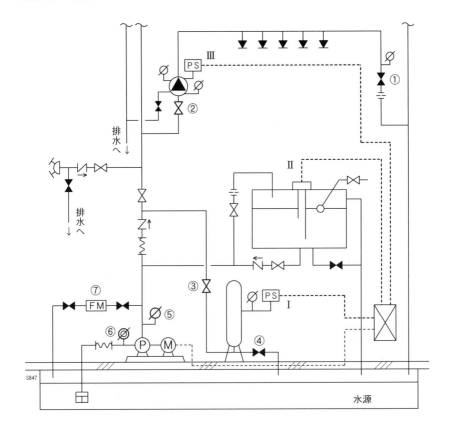

◇図中の①〜⑦は、設問1の必要な機器を表している。ただし、実際の筆記試験では記入してはならない。

　①末端試験弁は、圧力計、試験弁、オリフィスで構成されている。

　②流水検知装置の一次側には制御弁を設ける。

　③起動用圧力タンクへの配管には止水弁を備える。

　④圧力タンクには、ポンプ起動試験用の排水弁を設ける。

　⑤&⑥ポンプには、吐出側には圧力計を、吸込側に連成計を設ける。

　⑦ポンプの性能試験装置の配管には、テスト弁、流量計、流量調整弁が取付けてある。

◇図中のⅠ〜Ⅲは、設問2の配線を表している。ただし、Ⅰ〜Ⅲは筆記試験で記入してはならない。

　Ⅰ：起動用圧力タンクに付いている圧力スイッチと制御盤間の配線

　Ⅱ：減水警報装置（発信部）と制御盤間の配線

　Ⅲ：流水検知装置に付いている圧力スイッチと制御盤間の配線

【1】図は、開放型ヘッドを用いた手動起動方式のスプリンクラー設備を、舞台部
に設置した場合の配管系統図の一部を示している。次の各設問に答えなさい。

[★]

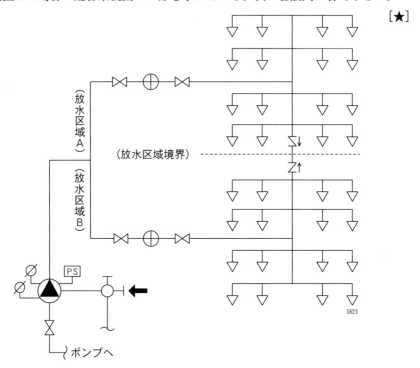

凡例

▽	開放型スプリンクラーヘッド	逆止弁	逆止弁
◤	湿式流水検知装置	∅	圧力計
⊕	一斉開放弁	PS	圧力スイッチ
▷◁	止水弁（常時開）	——	配管
►◄	止水弁（常時閉）		

□ 1．図A及びBの放水区域に、一斉開放弁の機能を確認することができる試験
　　用配管を、凡例の記号を用いて記入しなさい。
　2．図A及びBの放水区域に、手動起動装置の操作用配管を、凡例の記号を用
　　いて記入しなさい。
　3．矢印で示す部分は、流水検知装置の二次側の水を抜くことができる弁で、
　　「親子弁」と呼ばれるものである。この弁の使用によって、機能の試験又は
　　確認することができる装置の名称を答えなさい。

▶▶正解＆解説⋯⋯⋯⋯⋯⋯⋯⋯⋯⋯⋯⋯⋯⋯⋯⋯⋯⋯⋯⋯⋯⋯⋯⋯⋯⋯⋯⋯⋯⋯⋯⋯⋯⋯⋯⋯⋯
［設問1＆2　正解］
　◇設問1と設問2は図（太線）のとおり。

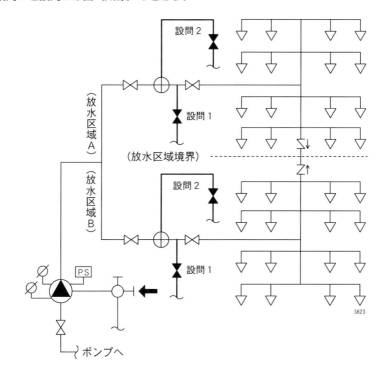

◇設問2の［手動起動装置の操作用配管］は、一斉開放弁の種類（減圧開放式または加圧開放式）で異なってくる。正解は、減圧開放式としてある。加圧開放式とする場合、［手動起動装置の操作用配管］は次のとおりとなる。なお、次の図では電磁弁も細線で記入してあるが、設問の指示ではないため、記入してはならない。

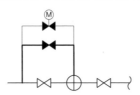

［設問3　正解］

自動警報装置

◇親子弁のうち子弁は、テスト弁の機能を有し、少流量（スプリンクラーヘッド1個分程度）の流水を発生させる。開放型の場合、自動警報装置の作動、火災表示灯の機能等の確認ができる。

◇子弁を開くと、湿式流水検知装置の二次側が減圧する。このため、流水検知装置の弁体が開き、加圧水が二次側に流れる。圧力スイッチ等が加圧を検出し、自動警報装置が作動して警報装置（ベル）が鳴る。

【1】図は、開放型ヘッドを用いるスプリンクラー設備の系統図の一部を示したものである。条件に基づき、凡例の記号を用いて系統図を完成させなさい。

□

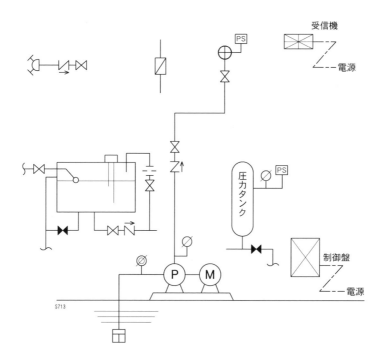

S713

<条件>

1．手動起動弁による作動のほか、感知器と連動して作動させる方式とする。
2．制御盤で遠隔起動できる方式とする。
3．ヘッドから散水させずに一斉開放弁の試験ができる構造とする。
4．ポンプ性能試験装置及び耐震措置は省略してよい。
5．電気設備の配線本数の記入は省略してよいが、その他の機器等の配線とは区別すること。

凡例

▽	開放型スプリンクラーヘッド	∅	圧力計
◉	湿式流水検知装置	⊘	連成計
⊕	一斉開放弁	PS	圧力スイッチ
⊲⊳	止水弁（常時開）	—	配管
►◄	止水弁（常時閉）	-----	配線
↳	逆止弁	▯	手動式開放弁
Ⓜ	電磁弁		

▶▶正解＆解説‥‥‥‥‥‥‥‥‥‥‥‥‥‥‥‥‥‥‥‥‥‥‥‥‥‥‥‥‥‥‥‥‥‥‥‥

［正解］

◇配管（太線）、配線（点線）及び機器は次のとおり。

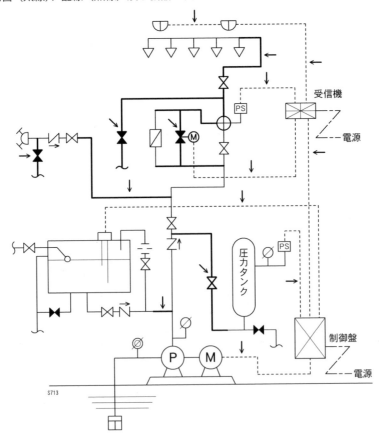

S713

230

◇設問の図は、一斉開放弁の二次側に発信部として圧力スイッチを設け、警報を行う方式である。この方式を採用する場合は、所轄消防機関の了解を得なくてはならない。

◇設問では、感知器が示されているため、一斉開放弁は加圧開放式となる。

◇感知器は主に、差動式スポット型と定温式スポット型感知器（防水型）が使われる。

差動式スポット型	▽	定温式スポット型	▽

◇加圧開放式の一斉開放弁は、感知器が火災を検出すると、制御盤が電磁弁を作動させて一斉開放弁を開く。または、手動式開放弁（手動起動弁）で一斉開放弁を開くことができる。

◇試験用止水弁を閉じてから試験用配管の試験用排水弁を開いた状態にして、手動式開放弁を開くと、一斉開放弁に水が流れるため、開放型ヘッドから散水することなく、一斉開放弁の試験ができる。

◇正解の図では、追加部分をわかりやすくするため「→」記号を付しているが、実際の試験では記入してはならない。

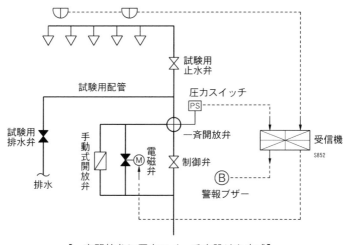

【一斉開放弁に圧力スイッチを設けた方式】

◇スプリンクラー設備メーカー HP の「開放型スプリンクラーヘッドを用いるスプリンクラー設備」を参考とした（編集部）。

【1】図は、固定式の放水型ヘッド等を用いるスプリンクラー設備の系統図の一部を示したものである。次の各設問に答えなさい。

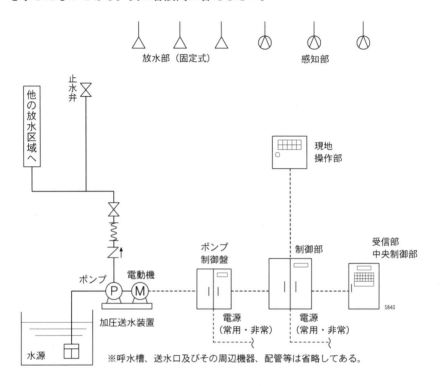

放水部（固定式）　　　　　　感知部

他の放水区域へ

止水弁

現地操作部

ポンプ制御盤

制御部

受信部
中央制御部

S840

ポンプ　　電動機

P　　M

加圧送水装置

電源（常用・非常）　　電源（常用・非常）

水源

※呼水槽、送水口及びその周辺機器、配管等は省略してある。

□ 1．図中、必要な機器が設置されていない部分がある。機器を正しく設置するよう凡例の記号を用いて記入しなさい。

凡例

記号	名称	記号	名称
▷◁	制御弁	⊞	フート弁
◀▶	試験弁	⋈▮	選択弁（一斉開放弁）
▣	圧力スイッチ	⬚	手動起動弁
		⇥	逆止弁
⊣¦⊢	オリフィス	-------	配線
⟿	可とう継手	———	配管

2．図中、配管及び配線が接続されていない部分がある。配管及び配線が正しく接続するよう凡例の記号を用いて記入しなさい。

3．放水型ヘッド等を用いるスプリンクラー設備の設置対象物となるのは、消防法令上に規定される防火対象物またはその部分のうち高天井の部分であるが、次のア、イについて、消防法令上規定する放水型ヘッド等を設けるのは、床面から天井までの高さが何mを超える部分か答えなさい。

ア．政令別表第1（4）項に掲げる百貨店（可燃物を大量に存し消火が困難と認められる部分（通路、階段等その他これらに類する部分を除く））

イ．地階を除き12階建ての政令別表第1（5）項イに掲げるホテル

▶▶正解＆解説‥‥‥‥‥‥‥‥‥‥‥‥‥‥‥‥‥‥‥‥‥‥‥‥‥‥‥‥‥

[設問1＆2　正解]

◇機器及び配管（太線）・配線（点線）は次のとおり。

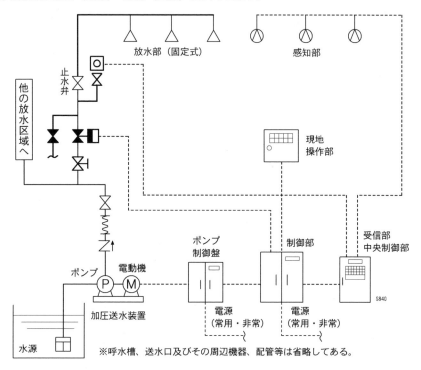

放水部（固定式）　感知部

止水弁

他の放水区域へ

現地操作部

ポンプ制御盤　制御部　受信部中央制御部

ポンプ　電動機

加圧送水装置

水源

電源（常用・非常）　電源（常用・非常）

S840

※呼水槽、送水口及びその周辺機器、配管等は省略してある。

◇堺市「第4　スプリンクラー設備」より引用。

[設問3　正解]

ア．6mを超える部分。

イ．10mを超える部分。

◇放水型ヘッド等を用いるスプリンクラー設備しなければならない部分は、法令により、床面から天井までの高さが6mを超える部分と、床面から天井までの高さが10mを超える部分に、細かく分けられている。代表的な例として、[百貨店で可燃物を大量に存し消火が困難と認められる部分]は、より厳しい6m超の規制が適用される。一方、10m超の規制は、百貨店以外などで危険性がより低いと見なされる部分となる。それぞれの区分はかなり複雑で、すべて憶えるのは現実的ではない（編集部）（令12条2項2号ロ 他）。

1．水噴霧消火設備の過去問題

【1】図は、防火対象物の駐車の用に供する部分に設置した水噴霧消火設備の系統図の一部である。図中の（　）に凡例の記号を用いて系統図を完成させなさい。ただし、圧力計、連成計、圧力スイッチ等の機器は省略してある。

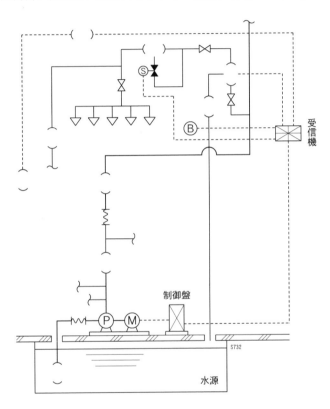

凡例

▽	噴霧ヘッド	田	フート弁
●	湿式流水検知装置	▽	感知器（差動式）
⊕	一斉開放弁	⊣⋀⋀⊢	可とう管継手
─▷◁─	止水弁（常時開）	───	配管
─◀─	止水弁（常時閉）	-----	配線
─▷─	逆止弁	▯	手動式開放弁

[設問　正解]

　◇（　）内の記号は次のとおり。

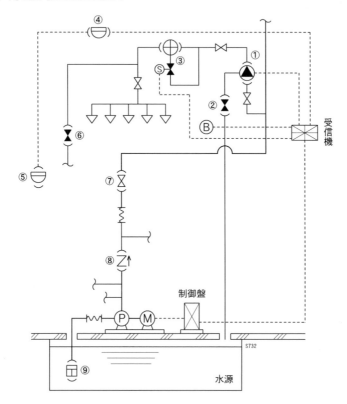

①…湿式流水検知装置。圧力スイッチが付属されているが、設問の指示で省略されている。ただし、受信機と配線されている。

②…湿式流水検知装置の排水弁。二次側の水を排水する。

③…一斉開放弁（加圧開放式）。Ⓢは電磁弁（Solenoid Valve）の略。手動式開放弁（手動起動弁）は省略されている。

④＆⑤…感知器。火災の発生を検知して受信機に信号を送る。

⑥…試験用排水弁。試験用配管に取り付けられており、一斉開放弁を試験用に開弁させたとき、通過する水を排水する働きがある。

⑦＆⑧…加圧送水装置の止水弁と逆止弁である。

⑨…加圧送水装置のフート弁である。

索 引 （ 下 巻 ）

書籍の訂正について

本書の記載内容について正誤が発生した場合は、弊社ホームページに正誤情報を掲載しています。

株式会社公論出版 ホームページ
書籍サポート/訂正
URL：https://kouronpub.com/book_correction.html

本書籍に関するお問い合わせ

メール ✉

問合せフォーム

FAX 📠 **03-3837-5740**

必要事項
・お客様の氏名とフリガナ
・FAX番号（FAXの場合のみ）
・書籍名 ・該当ページ数 ・問合せ内容

※お問い合わせは、**本書の内容に限ります。**
　下記のようなご質問にはお答えできません。

EX：・実際に出た試験問題について　　・書籍の内容を大きく超える質問
　　・個人指導に相当するような質問　・旧年版の書籍に関する質問　等

また、回答までにお時間をいただく場合がございます。ご了承ください。
なお、**電話でのお問い合わせは受け付けておりません。**

消防設備士 第1類（甲種・乙種）令和6年　下巻

■発行所　　株式会社 公論出版
　　　　　　〒110-0005
　　　　　　東京都台東区上野3-1-8
　　　　　　TEL. 03-3837-5731
　　　　　　FAX. 03-3837-5740

■定価　　2,530円（税込）

■発行日　　令和6年11月28日　初版 三刷

ISBN978-4-86275-269-7